JN220691

超一流の雑談力

「超・実践編」

文響社

はじめに

この本は、2015年に出版された「超一流の雑談力」の続編にあたる作品です。

前作でお伝えしたのは、雑談にも、「三流」「二流」「一流」という違いがあって、「超一流の雑談」には、人もお金も引き寄せる力がある、ということでした。

雑談とは本来、ダラダラと意味のない話をすることではなく、明確な目的を持って行うもの。仕事でもプライベートでも、「仲良くなりたい」「聞いてほしいお願いがある」……といった意図を雑談に持たせることで、必ず結果がついてくる。それは、人とのよいご縁であったり、その出会いから思わぬチャンスを得て、結果的には大きな収入にもつながっていく……そんなすごい力があるんだということをお伝えしたくて、世に送り出した本でした。

私はこれまで、商社での営業や、企業や大学での講師として、また経営者という仕事を通して、雑談が持つ力の大きさを体感してきました。

現在も様々な場所で雑談をテーマにした講演や研修を行っていますが、ちょっとしたやり方の差、積み重ねの差で、「結果」は本当に変わっていくものだと実感を持っています。

そこで、具体的な「一流」の雑談の技術を、前作よりもさらに大きくパワーアップさせ、「超・実践編」として製作したのが今作品です。

では、今回、この続編にはどんなことが書いてあるのか？ 前作とは何が違うのか？ 少しだけ説明をさせていただければと思います。

この本には大きく3つの特徴があり、

1　全編を通して、読者やビジネスの現場から要望の高かった内容をピックアップ

↓前作を読んだ方からの声、また、企業などから「こんな内容がほしい！」「ここがもっと知りたい！」と要望の高かったものを中心に構成しています。

2　内容はすべて刷新！ ＋ 前作のおさらいつきでお得

↓今回紹介する内容はすべて新しいものになっており、前作よりもさらに実践的・

具体的です。加えて、前作で紹介したテクニックのおさらいもついているので、この実践編から読んでいただいてもまったく問題ありません。

3　新しい視点のテクニック・トレーニング方法が満載

↓さらなる新要素として、「たとえ話」や「オチをつける方法」など、従来の本では構造化できていなかったスキルを「再現性のある技術」に落とし込み、簡単にトレーニングできるようになっています。

この3点をベースに構成された本書は、全4章。

まず、第1章と第2章ではそれぞれ「話し方」と「聞き方」のパートに分け、「基本のおさらい」と「よりハイレベルな実戦技術」を紹介しています。

前作に比べて、一つひとつのスキルの密度を高めており、新たな視点、知識、スキルを盛り込み、かなりパワーアップさせた内容になっています。

お伝えしたように、前作を読んでいない人でも全体像がつかめるようになっていますのでご安心ください。

続いて、第3章では、前作ではふれられなかった新たなテクニックを紹介します。ここで紹介するものは、特に「断り」「交渉」「説得」「謝罪」といった気をつかうような難しい場面で活きてくるもので、「人の魅力」を最大限に発揮させ、話に「説得力」を持たせるための技術を紹介します。

最後の第4章では、「タイプ別」「シチュエーション別」に、どのように雑談を使い分けるべきかを紹介。前作よりもより詳細に、「かゆいところに手が届く」ようにお伝えしています。

最終的に、ここまでスキルを身につけられれば、いつ・誰と話しても怖いものなし。相当な雑談力になるはずです。

全編を通して、「実際に聞かれた悩み」や「ここをもっと知りたい、という要望」をもとに、内容をピックアップしています。

たとえば、

・会話が「かみ合う相手」と「かみ合わない相手」がいるのはなぜか？ どのようにすれば解決できるのか？
・リアクションがイマイチな人が相手でも会話に弾みをつける方法はないのか？
・会話がぶつ切りになって続かない原因は何か？ 何に気をつけると改善できるか？
・部下を指導したり、人に説明したりする際、もっと腹落ちしてもらえる言い回しはないか？
・話にオチをつけて、楽しい会話をする方法はないか？
・相手に「この人は（他の人とは）違う」と認めてもらうには、どんな方法があるか？
・相手の本音を知るには、どうすればいいのか？
・複数の雑談では、どのように話を進めていくべきか？

といった、日常で誰もが遭遇する場面を例に取りながら、「原因」と「解決策」、また「トレーニング方法」もバッチリ用意しています。

前作同様、まずは気になるところだけ読んでいただいても構いません。

ぜひ雑談の新たな可能性に気づいていただければと思います。どうぞ、お楽しみいただけましたら幸いです。

もくじ

第2章

心をわしづかみにする聞き方

人との〝違い〟が出る質問とリアクション

第3章 困難な場面に対応する

魅力と説得力を増す上級テクニック9選

第4章　変幻自在の雑談

相手と状況によって会話を自在に操る

第
1
章

引き寄せる話し方

良い空気を生み出す8つのトークスキル

1

「会話がかみ合わない」ときは

雑談では、話の内容よりも先に
まずはテンポを合わせること

SCENE

とあるメーカーで営業マンとして働くあなた。お客様とのコミュニケーションがうまくいくこともあるのですが、なぜか「まったくかみ合わない！」こともあり、成績が安定しません。いったい、原因はどこに？

リズムが会話の流れをつくる

みなさんも、コミュニケーションを取る中で、話が「かみ合う相手」と「スムーズにいかない相手」がいると思われたことがないでしょうか。

「コミュニケーション」と一口に言っても、実に様々な要素が絡んでいます。

表情、声の高さ、スピード、イントネーション、一文の長さ、表現力、話の構成、教養のレベル、受け答えの精度……などなど、ざっと挙げるだけでも20はくだらないでしょう。

相手が「もう会わなければいい」という人であれば、「かみ合わなかったので、さようなら」でいいかもしれませんが、今後も関わりが深い人、仕事上どうしてもうまく付き合わないといけない人、などが相手の場合もあります。

そんなときの対策を考えてみたいと思います。

そもそも、話が「かみ合う」「かみ合わない」の根本の問題はどこにあるのでしょうか。

その答えは、**会話の「リズム」**です。

前作では、雑談においては「リズムが必要だ」とお伝えしました。

だらだらと話すのではなく、話すときは

・一文を短く
・テンポよく

話すことが重要だとお伝えしました。

×「そういえばですね、この前の休みにビアガーデンに行ってきたんですけど、あっ、そこは百貨店の上にできたやつでちょっと割高ではあるんですが……それで私、ジンギスカンって、あの独特の匂いが苦手であんまり食べなかったんですけど、あそこのは食べられたんですよね〜……」

○**「この前、とんでもなくおいしいジンギスカンを見つけたんですよ。私、ジンギスカンって匂いがどうしてもダメだったんです。でも、そこのはおいしくて箸が止まらないんです。場所は百貨店の上にできたビアガーデンなんですけれど……」**

と、相手が理解しやすい順番に並べて情報を一つひとつ区切っていくと同じ内容でも引きつけ方が変わってくる、ということをお伝えしました。

これは、「自分が話すとき」リズミカルに話すためのコツです。

テンポが合わない＝居心地が悪い

ところが、自分がいくらリズムに気をつけて話そうとしても、話が「かみ合う」ときと「かみ合わない」ときがあると思います。

その原因は、自分と相手のリズムの違い、より具体的には「テンポ」の違いなのです。

そもそも人間には、人によって**「心地いい」と感じるテンポと、「不快」だと感じるテンポがあり、これは人によって違います。**

ゆったりとしたスピードで話すことを好む人がいれば、一方で素早いやりとりに快感を感じる人もいるのです。

ゆったりとした話し方を好む人が、スピーディーな会話のやりとりを好む人とコミュニケーションを取れば、当然かみ合いにくくなります。

そして「かみ合わない」ことが人間にとって苦痛なのは、「自分のペースを乱され、居心地が悪い感じ」がするからです。

私たちは会話をするとき、耳から情報を取り入れて、それをきっかけに思考したり、言葉をひらめいたりします。

ところが、快適なリズムで言葉が入ってこないと、本来思い出せること、本来なら話せることが出てこなくなってしまうのです。

相手に上手に合わせる方法

では、どうすればこの問題は解消するのでしょうか?

結論からいえば、**雑談を仕掛けている側が相手のペースに合わせること**です。

リズムの「合う」「合わない」は、多くの場合「慣れ」の問題であり、トレーニングすればまったく問題ないレベルまで順応させることができます。

では、具体的な対処法を見てみましょう。

1　テンポが遅い相手に合わせるポイント

相手の話が「遅いな」と感じる人は、比較的合理的な会話が好みなのでしょう。そのため、「テンポが速いやりとり」「明確な答え」などがほしくなると思いますが、それでは相手は「威圧感」を感じてしまいます。

相手の言葉をじっくり待って、やさしい言葉づかいを心がけてください。

たとえば、高齢者の方や小さな子どもが目の前にいたら、自分のペースで一方的に話したりしませんよね。ゆっくりと、言葉を選んで話すはずです。

それと同じように、相手の言葉を待って、受け止めてから話す、という話し方が必要になります。

なお、話をゆっくりする人は「感覚的な」話し方をする人も多いので、相手の話が「飛び飛び」でよくわからないなぁと思うときは、質問をしても構いません。ゆったり話すタイプの人は、話を止めても怒る人は少ないのです。

2　テンポが速い相手に合わせるポイント

逆に話が早い人への対策として共通するポイントは「一字一句」つぶさに相手の話を聞こうとしないことです。

相手が何を言いたいのか、要点を逃さないようにしてください。

詳しくは194ページでお伝えしますが、頭の中で情報を「図解化」して、相手が言いたいことを整理し、さらにその中で「相手にとって重要なことは何か」優先順位をつける練習をするとよいでしょう。

テンポが速い人は「自分のペースを乱されたくない」と思う人が多いので、質問をするときには、「話を止めて申し訳ありません、今の話は○○ということですか？」と自分なりに要約をして、話を理解しようとしている姿勢を見せることが重要です。

より詳しい対応方法については、225ページで解説しています。

テンポが遅い人に合わせるには

○
・やさしい言葉づかい
・相手の言葉を待ってから話す
・わからないことは質問する

・まくしたてるように話す
・結論を求める

❗高齢者や子どもと話すように

❗威圧感を与えてはいけない

テンポが速い人に合わせるには

○
・相手の言いたいことを整理しながら聞く
・うなずきながら聞く
・積極的な姿勢を見せる

・一字一句聞こうとする
・話の腰を折る言動

❗話の要点をつかむ

❗相手のペースを乱さない

確認するべきポイントは相手の「うなずき」


では最後に、会話が「かみ合っている状態」とはどんなものか、見てみましょう。

完ぺきに会話がかみ合っている瞬間は、まわりの騒音が一切聞こえなくなります。

たとえば、入ったときはうるさかったはずのカフェで雑談が盛り上がり、「気づけば何時間も経っていた」というとき。

これは、互いのリズムが合っていた、つまりシンクロしていた証拠です。

話がかみ合っているかどうかを確認するには、相手の「うなずき」に注目してみてください。

「うんうん」とうなずき、あいづちが多いようですと、リズムが合い雑談に引き込まれつつある状態だと言えます。

特に、相手が無意識のうちに出す「ふーん」「へぇ」「ほぅ」……**という自然のうなずきは、話に対する集中力が高まっている証拠です。**

ただし、日本人はリアクションが小さい人が多いので、うなずきだけではなく「目つき」にも注目しておくことをおすすめします。

人は夢中になってくると、**身体は動かなくても目つきが変わります。**

目がパッと見開き、「集中しているな」とわかる眼差(まなざ)しになるのです。

リズムがなぜここまで重要かといえば、「テンポ一つ」で雑談後の相手の評価がまったく変わってくるからです。

人間の知覚はいい加減なもので、「相手の印象」を決めるとき、言語情報、つまり話の内容そのものは7%しか意識されません。

何を話しているかではなく、どう話すか、

話に対して集中力が高まっているときの特徴

目がパッと見開いている

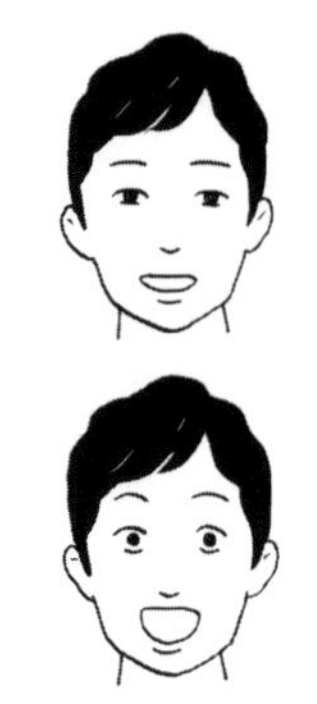

自然のうなずきが多い

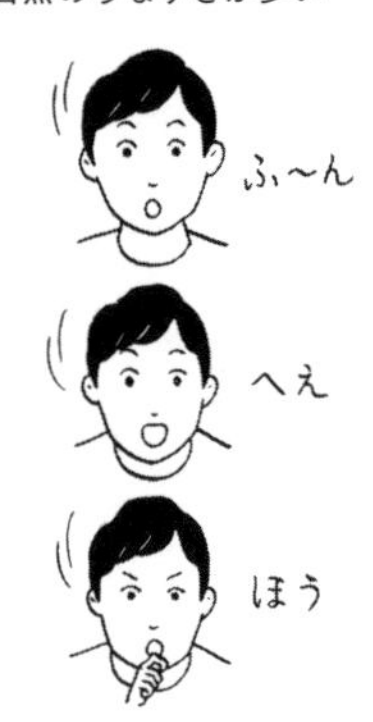

どうリズムを合わせるかのほうがはるかに重要なのです。

つまり、**「この人とは呼吸が合うな」と潜在的に感じてもらうことで初めて、相手は話の内容に耳を傾ける**ようになります。

最初からうまくはいかないかもしれませんが、かみ合いにくい人との会話は、テンポを合わせるためのいい勉強になります。

かみ合わないことをネガティブに捉えるのではなく、むしろ積極的に練習の機会として利用していくとよいでしょう。

印象を決めるとき「話の内容」は（ほぼ）評価対象外

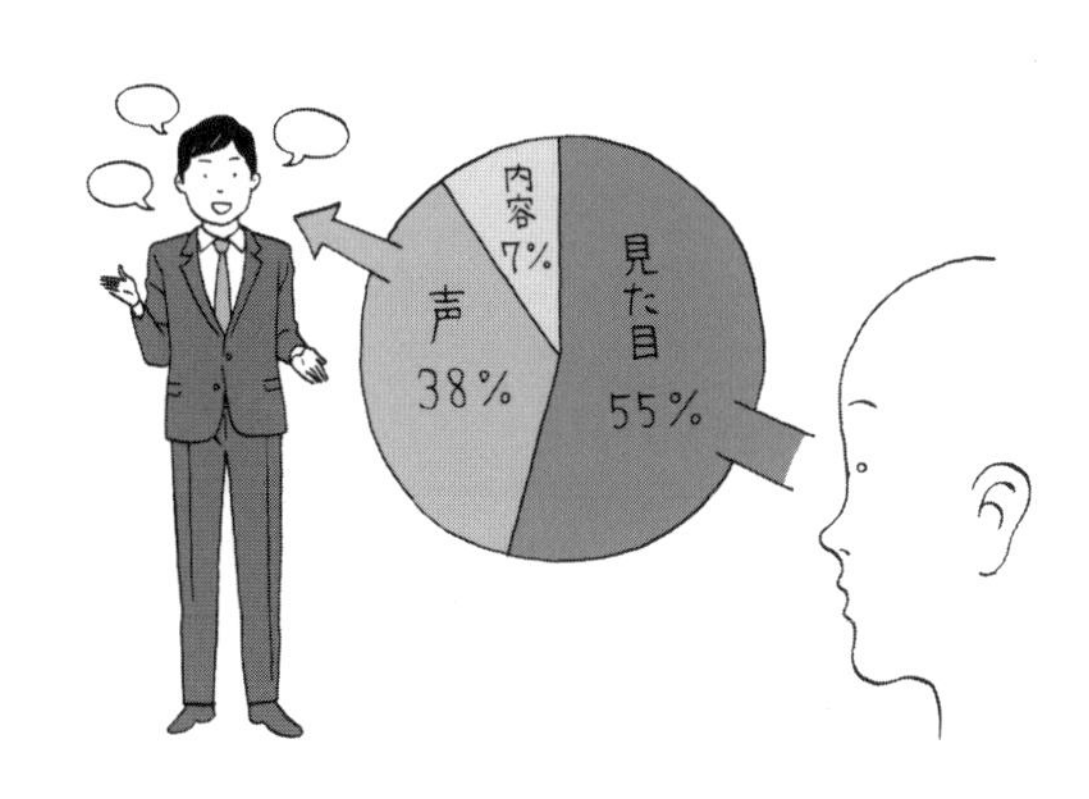

1 「会話がかみ合わない」ときの対処法

前作『超一流の雑談力』で紹介したこと

リズミカルに話す方法

↓ 一文をリズミカルに区切って話すことで、テンポがよくなり伝わりやすくなる

『超・実践編』で紹介したこと

相手とリズムを合わせる方法

1 話が遅い人、話が早い人とで、言葉のスピード、反応速度を変える

2 相手のうなずきや表情から「集中度」を探る

2

話にストーリーを足す

ポイントを絞って「ちょいモリ」すると引きつける力が段違いに高まる

SCENE

映像制作会社で働くあなた。芸能事務所やテレビ局に打ち合わせに出向く際に手みやげを持っていくことが多いのですが、どうも上司と一緒に行くときと、自分だけで行くときでは、上司が一緒のときのほうが相手に喜ばれているような気がします。どこに違いがあるのでしょうか？

伝えたいことをより魅力的に魅せる技術「ちょいモリ」

前作では、話し方の技術の一つとして「**事実を少しだけ大げさに盛る（＝「ちょいモリ」する）」と話をおもしろくできる**とお伝えしました。

たとえば、

「**昨日行ったカフェに美人店員がいた**」

↓**「昨日行ったカフェに、思わず二度見するくらいの美人店員がいた」**

といった具合に、同じ話をするのでも、少し話を盛ることで相手の興味や関心が大きく変わるのです。

今回は、より具体的なちょいモリのテクニック。どのような点に気をつけると、うまくちょいモリができるのかを解説してみたいと思います。

まず、ちょいモリの前提としては、その名のとおりあくまでも「ちょっとだけ事実を脚色する」、という点です。

つまり、まったくの嘘、事実とは違う方向で話を盛ってはいけません。また、あまりにも連発すると、内容の信憑性を疑われます。

たとえるなら、スイカに塩をふるように、**素材本来の味を引き立てる調味料のような役割を果たす**のがちょいモリの真髄です。

ちょいモリのポイントは大きく2つ。

1　話のどこにちょいモリをするか、ポイントを決める

2　相手の想像力を刺激する表現を使う

という2点です。

たとえば、猛暑日の打ち合わせ。「外が暑かった」ことを話題にしたい場合、どのように表現すればいいでしょうか。

「今日は暑いですね……。40度くらいある気がしますよ！」

暑さを40度という温度で表現。「ちょいモリ」といえばちょいモリですが、40度の暑さがどのようなものか想像しづらく、おもしろみに欠けます。そこで、よりディティールに凝って、このような表現はどうでしょうか。

「今日は暑いですね……。ハンドタオルでは追いつかないくらい汗をかくのでバスタ

オルが必要ですね（笑）」

これは、暑さの結果、どのような状況になっているか表現したものです。こちらのほうが、よりリアルに暑さを感じられる話になっていないでしょうか？

このように、「何を」「どう補足すると」、相手が興味を持って聞いてくれるか、それがちょいモリの基本方針です。

では、一つ練習をしてみましょう。

Q

あなたは、ある有名なお店の大福（宮内庁御用達）を手みやげにして相手を訪ねました。どのように表現すると、より喜んで受け取ってもらえるでしょうか？

この場合、シンプルに表現すれば

「おみやげに○○（有名店）の豆大福をお持ちしました。なんでも、宮内庁御用達なのだそうです」

です。もちろん、悪くはありません。
ですが、ここに少しだけちょいモリをしてみましょう。

A「Bさんが以前お好きだと言っていたので、○○（有名店）の大福をお持ちしました。私も以前いただいて、食べた瞬間に大福の概念が変わりました（笑）、あまりのおいしさに宮内庁も御用達だそうです」

ここでは、「大福のおいしさ」にフォーカスしてちょいモリをしています。
たとえば、ここで本当は「宮内庁御用達」でないのに、「宮内庁御用達」と言ってしまうのは「明らかな嘘」なので反則です。

しかし、ここで盛っているように自分が食べたときにどう感じたかは、主観の問題。ここは多少盛っても問題ありません。味の感想を伝えることで、「宮内庁御用達」というストーリーに説得力が生まれます。

では一方、このようなちょいモリはどうでしょうか。

A「Bさんが以前お好きだと言っていたので、○○（有名店）の大福をお持ちしました。宮内庁も御用達なんですが、もう大人気で、朝から100人くらい行列ができていて、2時間も並んで買ってきました。ぜひ召し上がってください！」

「買うのが大変だった」という方向でのちょいモリです。

結論から言えば、このような盛り方は「やめておくべき」でしょう。

身内のように近い間柄ではいいかもしれませんが、おしつけがましいイメージになってしまいます。

雑談で全体的に言えることですが、**「自分自身の努力」に話の方向を向けるべきで**

はありません。

あくまでも、相手に興味を示してもらう。相手に気持ちよくなってもらう。

ここに、主軸を置くのがコミュニケーションの本質なのです。

常に相手に主軸を置くことが一流の雑談の掟

話にストーリーを足す

前作「超一流の雑談力」で紹介したこと

話にちょいモリをすることで魅力的になる

↓まったくの嘘ではなく、あくまでも事実に沿って盛る

「超・実践編」で紹介したこと

盛るときは、ポイントを絞るとより効果的

1 やたらと盛らず、何に比重を置いて盛るのか決める

2 相手の想像力を刺激するような具体的な表現がいい
（主観的な意見は盛りやすい）

3 自分の努力や苦労は、盛るべきではない

3

相手のリアクションが薄いとき

「反応が薄い」人に出会ってしまったときの秘技「瞳をじっと見つめる」

SCENE

あなたは、研修会社の営業担当。ある中小企業の人事担当に新しくできた新人研修を提案したところ、何を言っても反応が悪い。結局間が持たず、たったの15分でアポ終了……いったい、どうすればよかったの？

あいづち一つで「評価」が変わる

前作、雑談においては聞く力、特に「あいづちの打ち方が非常に重要」だとお伝えしました。なぜ重要かといえば、そもそもあいづちを打っている人が少ないから。**多くの日本人はあいづちがヘタどころか、あいづちをしない**のです。

だからこそ、人の話を聞いているときにあいづちを打てる人は「見どころがあるな」「この人は話を聞いてくれる人だな」と感心してもらえるわけですね。

さて、このあいづち。

自分で打つときにはいくらでもコントロールができますが、一方で、**相手にあいづちを打ってもらうのは簡単ではありません。**特に、営業や接客、販売員など、対人の仕事をしている方にとって「反応がない」人は鬼門ですね。

相手をうなずかせて会話にいい流れをつくる

そこで、ここでは相手を意図的にうなずかせる方法を紹介します。うなずいてもらうことで、会話にいい流れができるのです。

①話しているとき、相手の目をじっと見つめる
②目を決してそらさず、相手がうなずくまで待つ
③相手がすぐにうなずかない場合は、「うん」と、自分のほうが深く、ゆっくりとうなずく

③「反応が薄い」人に出会ってしまったときの秘技「瞳をじっと見つめる」

相手をうなずかせる3ステップ

1
相手の目をじっと見つめる

2
相手がうなずくまで目をそらさない

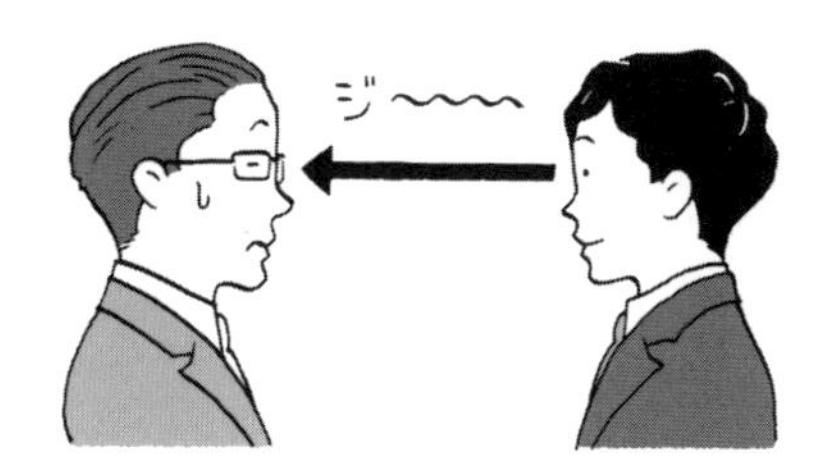

3
それでもダメなら、自分からうなずく

これだけです。

相手をうなずかせるには、目を見つめる。それでもうなずかなければ、自分がうなずいてみせればよいのです。笑ってしまうかもしれませんが、ほぼ１００％相手は反応するようになる重要なテクニックです。

目をじっと見つめられると、人はつい目をそらしたくなります。特に日本人は、目を見つめられるのに慣れていません。

ですが、見つめられているほうとしては、目の前の人から目をそらすのも失礼。この**せめぎ合いに間が持たなくなり、さすがに「うん」とうなずく他なくなってしまう**のです。

それでもうなずきが弱いという人が相手の場合は、

「……**ということで、今お伝えした方法をおすすめしています**…………

（相手の目を見ながら、自分が「うん」とうなずく）」

と、うなずきのお手本のようにしてうなずいてみてください。よほどのことがなければ、相手もつられてうなずいてくれるようになるでしょう。

注意点としては、こちらも気まずいかもしれませんが、気まずさに負けて目を離してはいけません。「相手がうなずくまで帰さない」のです（笑）。

これがおもしろいのですが、一度でもそのようにあいづちを打ってもらえると、その後はおもしろいように「うんうん」と相手が首をふってくれるようになります。

そして、うなずきがある程度出てきたら第二段階。

「**○○さんのようにうなずいていただけると助かりますね**」と、一言伝えてみてください。

「**この仕事をしていると、いろんな方にお会いしますが、本当に日本人はうなずかない人が多いなぁと思います。○○さんとお話ししていると、いろいろアイデアが出てきて助かります**」

などと言えば、相手がさらにうなずいてくれるようになり、雑談の雰囲気が温かくなっていきます。

人前で話すときにも応用できる「うなずかせ」テクニック

ちなみにこのテクニックは、雑談だけでなく、人前で話すときにも役立ちます。

私が研修でよく使っているのは、まず、受講生全体の中で右側の前のほうに座っている人1人、そして、左側の前のほうに座っている1人、2人をターゲットにロックオンします。

そして、今述べた方法で彼らにそれぞれ「うなずき」をしてもらいます。一度これを行うと、彼らは私の話によく反応をしてくれるようになり、いわば「オーディエンスの見本」のようになってくれるのです。

そうすると、それが波及することで他のみなさんも彼らにつられてうなずきの量が増えていき、全体的に熱が高まってきます。

①まずは右と左でターゲットをロックオンする
②右側の人にうなずいてもらう
③左側の人にうなずいてもらう
↓　他の人もつられてうなずき、会場全体が温かくなる

相手からの反応がほしいときには、ぜひ相手を見つめてみてください。そして、自分がうなずく。そのうなずきがエンジンとなり、会話が盛り上がっていくようになるでしょう。

人前で話すときの応用編「うなずかせテクニック」

1
右側と左側の前にいる人をターゲットにする

2
それぞれうなずかせる

3
彼らがお手本となってまわりもうなずきだす

「反応が薄い」人に出会ってしまったときの秘技「瞳をじっと見つめる」

3 相手のリアクションが薄いとき

前作「超一流の雑談力」で紹介したこと

人の話を聞くときのうなずき方

↓リアクションについては第2章で詳しく解説しています

「超・実践編」で紹介したこと

相手にうなずいてもらうテクニック

1 うなずくまで見つめる
2 どうしてもうなずかなければ、自分でうなずく
3 うなずいてくれたら、「○○さんのようにうなずいていただけると話しやすくて助かります」などと伝える

4

オチのある話をする

話にオチをつける2つの方法「自虐」or「学び」

SCENE

昔から話し方に自信のないあなた。「話にオチがない！」と指摘をされることもあり、そのことは十分にわかっているのですが、どうすればオチをつけられるのかわからない！　うまくオチをつける方法なんてあるの？

オチがあることで、会話は次につながっていく

前作、雑談がヘタな人に共通するのは「ノープラン」であるということ。つまり、話の終着点を決めずに話し始めるので、情報が分散したり、どうでもいい情報が増えて言いたいことが伝わらなかったりしている、とお伝えしました。

そこで、雑談の目的——**「相手のプライベートな情報が知りたい」「相手の持っている課題を知りたい」**——などを明確にしていくと、雑談の方向性が決まる。「ノープラン雑談」から「オチのある雑談」へ移行させましょう、と言いました。

今回は、この「話にオチをつける方法」についてより実践的に、具体的に考えていきたいと思います。

そもそも、オチとは何なのでしょうか？

「オチのない話はするな」と言うほど重要視する人もいますが、オチをつける文化に慣れていない人からすると、オチをつけろと言われても、どんなふうにつければいいのか、そもそもどんなものかわかりにくいかもしれません。

オチとは、言い換えれば「話の終着点」。話の最後の「まとめ」とも言えるでしょう。話の最後をどうしめるか、**何に向かって話しているか方向性が定まっているのがオチのある話**。**方向性が定まっていないのがオチのない話**です。

オチは、あらかじめ設定してある場合もあれば、話しているうちに、「そうだ！」とひらめくこともあります。

オチが重要な理由は、オチがあることで相手もリアクションがしやすくなり、会話が次につながることです。

リレーの「バトン」のような役割が、話のオチなのです。

オチをつけるための２つの型

それではオチをつけるテクニックについて、具体的に見ていきましょう。
たとえば、「家に財布を忘れた」という話をしたかったとしましょう。

「今日家に財布を忘れちゃいまして、遅刻しそうになって大変でした」

……と、ただ大変だったと言われても、特にツッコミどころも広げどころもなく、話が次に展開しません。これがいわゆる「オチのない話」です。
そこで、オチをつけるのですが、オチの種類としては主に2つ、

1　ちょっとした自虐をオチにする場合
2　その体験から学んだことをオチにする場合

誰でもつけやすいオチです。それぞれ、見てみましょう。

例1：ちょっとした自虐をオチにする場合

「今日家に財布を忘れちゃいまして、駅に着いてから気づいたんですよ。ただ、絶対に遅刻できないんで、ここは覚悟を決めようと陸上部時代を思い出して**全力ダッシュしたら……足がつりまして（笑）。青春がとっくに失われていることを痛感しました（笑）**」

例2：その体験から学んだことをオチにする場合

「今日家に財布を忘れちゃいまして、走って汗だくになるわ遅刻しそうになるわ大変だったんですが、**一ついいことがありまして……自分もまだこんなに走れるんだということに気づけました（笑）**」

このようにオチがつくと、話がつながりやすくなります。

オチをつける際は、**わかりきった結論に達するのではなく、相手が予想していないところに着地できると理想的**です。

財布を忘れて「大変だった」、というのは、何のひねりも意外性もない、わかりきった結論です。

そのため、オチにならないのです。

そこで、

・「足をつって、青春が失われていることを痛感した」

・「意外と走れて、自分もまだこんなに走れることがわかった」

リアクションを取りにくく、話が広がらない

次に話題が広がりやすい

といった別の方向に話を持っていくことで、聞いているほうも自然と「そういえば私も……」と次につながり、会話が盛り上がっていくのです。

定番のネタからオチをつける練習を

しかしながら、私たちは芸人さんではないので、オチのある話を当意即妙で行うのは、簡単なことではありません。

そこでぜひ、「定番のネタ」をいくつかストックしてみてください。

私自身、研修で使う「定番のネタ」がいくつかあります。会場の雰囲気をよくしたいときに使うものです。

試しに一つ、ご紹介しましょう。わかりやすい話し方を教える研修で「ポイント予告の技術」(「私が伝えたいことは3つあります」と、ポイントを予告してから話しましょう、という内容)を教えるときによくするお話です。

約40年前、まだ20代前半だった私はハワイ旅行に行きました。シーズンオフで航空券がとても安い時期です。

私はそれを狙ってチケットを取り、ガラガラの機内でエイミーさん（仮名）というキャビン・アテンダントと出会い、仲良くなりました。彼女の次のフライトまでの滞在中にご飯を食べに行くことになったのです。

そしてその後も、彼女は日本―ハワイ便で乗務を続けていたため、日本に来るときに連絡をくれるようになり、帰国後も定期的に会うようになりました。

エイミーさんは大変な美人で、性格も快活な彼女のことを私は好きになっていました。

当時は欧米人に対する劣等感が邪魔をして告白することができずにいたのですが、あるとき酒の勢いに任せてポロッと

〝I love you.〟

と言ってしまいました。

しかしながら、彼女の答えは〝Why?（なぜ？）〟というもの。

「ああ、しまった……」

〝Why?（なぜ？）〟ということは、ダメということか……安田青年はその一言にめげてしまい、恋は終わりを告げました。

……しかしその後わかったのですが、アメリカ人にとって「自分のことがなぜ好きなのか」その理由を聞くことはおかしい話ではないのです。つまり、あのときの〝Why?〟は、決してNOという意味ではなかったんですね。

今の私ならこう答えることができます。

〝Because, I have 3 points.（それには3つのポイントがあります）〟と。

解説するのは気恥ずかしいのですが、最後のオチが研修の内容（「ポイントを予告する」）とかかっているので、この話を研修の最後にすると驚きや笑いが生まれ、雰囲気がよりなごやかになります。

日常で使う雑談では、これほど仕込む必要はもちろんありませんが、人間誰しも、「ちょっと不思議な体験」「特別な経験」などを持っているはずです。そのエピソードに、オチをつけてみてください。

定番エピソードにオチをつける練習をしていくと、普段の何気ない話にもオチをつけるコツがわかってくるはずです。

話すことが苦手な人も、自信がついてくることでしょう。

オチとは会話をつなぐバトンである

4 オチのある話をする

前作『超一流の雑談力』で紹介したこと

「ノープラン雑談」から「オチのある雑談」へ

↓会話のゴール、相手の何を知りたいのか、
どこに話を持っていきたいのか考えたうえで話すことが重要

『超・実践編』で紹介したこと

オチをつけるには２つの型がある

1「ちょっとした自虐」
2「そこから学んだこと」
↓定番のエピソードにオチをつけるトレーニングがおすすめ

5

雑談のギアをあげたい！

話題をふるときに自己開示を挟むことで雑談にいい流れができる

SCENE

雑談は天気の話から……ということで、「今日は暑いですね～（寒いですね～）」と話を切り出すあなた。しかし、なぜかそこから話がうまく広がっていきません。どんなふうに話をふると、もっと自然に盛り上がるのでしょうか？

軽い失敗談を伝えて安心感を与える「自己開示」

前作、自己開示の技術について紹介しました。自己開示とは、その名のとおり自分について相手に知らせることです。

会話の早い段階で自己開示をすることで、相手に安心感を与えることができます。

特に自己開示で適しているのは、軽い失敗談や自虐。

「学生の頃はサッカー部でやせていたんですけれど、今はこのとおりだいぶウェイト

アップしまして（笑）」

などの気安いものがベストだとお伝えしました。

反対に、**空気が重くなるような身の上話（離婚や介護など）や、冗談ですまされないような失敗談は逆効果。**

あくまでも、相手に「安心感」を与え、ほどよい空気感をつくるのが自己開示のテクニックだということを忘れてはいけません。

話題をふりながら自己開示するテクニック

今回は、この自己開示を「話題をふる」ときに使う応用技術を紹介します。

話題の始まりは「天気」が定番中の定番ですが、雑談が苦手な人は天気の話をしても先につながらない、話が止まってしまう、ということが多いと思います。

たとえば、

A「今日は涼しくて、過ごしやすいですね」

と、このように話をふると、相手によっては

B「ええ、そうですね」

と、ここで止まってしまうこともあるでしょう。

そもそも、その日が暑かろうが寒かろうが、どうでもいい人のほうが多いのです。漫然と話をふったところで、話題がどうしてもぶつ切りになり、会話が深くなっていきません。

では、「そうですね」で終わらせないために何が必要か。

それが、「一言、自己開示的な情報を足すこと」なのです。

A「今日は涼しくて、過ごしやすいですね。**私は暑がりなものでこういう日は助かります。**Bさんは夏はお好きですか？」

このように、自分の情報を伝えることで雑談のエンジンを点火させます。

このとき、Bさんが「夏が好き」だと答えたら、

「それはうらやましい！　ということは、夏場は何かスポーツやアクティビティーをなさるんですか？」

Bさんも「夏が苦手」なようだったら、

「Bさんもですか！　夏は涼しい場所に限りますよね。どこか涼しいスポットでもあればいいのですが（笑）」

このように話を展開させることができます。

このテクニックを使うと、どんな話題から入っても、自分が話題にしたいことに誘導することもできます。

- 「会社の業績、好調のようですね。私も御社のものと知らずに○○を買わせていただきまして、まずはそれをお伝えせねばと思いまして！（笑）」
- 「私はこの陽気ですっかり夏バテ気味なんですが、○○さんはお元気そうですね」
- 「最近はいろんなニュースがありましたけれど、私にとっての大事件は○○さんがご結婚されたことですよ！（笑）」
- 「このあたりは昔、よく営業で回っていました。○○（有名なお店など）にこっそり行くのがささやかな楽しみでした（笑）」

どんな話題から入ったとしても、このように話を切り出せば、話の流れをつくることができ、かつ相手も返しやすくなります。

つかみがうまくいけば、スタートはＯＫ。話が止まることはないでしょう。
ただし、注意点が一つ。
それは、会話の中で相手に「自己主張が強い」と思われたらＮＧだということです。
時々、どんな話題が出ても「自分」に話をつなげようとする方がいます。

・「私も○○をしたことがあります！」
・「私も○○のときは大変でした！」
・「私も○○が大好きでこの前も××に行って……」

と、**短期間の中で何度も「私」が出てきてしまうのは、「会話泥棒」**。「人の話を聞かない人」という印象を与えてしまいます。

自己開示をする理由は、「接しやすい人」だと思ってもらうため。ですから、最初のつかみに成功したら、あとは最低限にとどめるのが正解です。

⑤ **話題をふるときに自己開示を挟むことで雑談にいい流れができる**

5 雑談のギアをあげたい!

前作『超一流の雑談力』で紹介したこと

自己開示を行うことで安心感が生まれる

1 その際は、軽い失敗談や軽い自虐がよい
2 冗談にならない失敗談や自虐は逆効果なので注意

「超・実践編」で紹介したこと

話題をふる際に自己開示をする技術

1 「暑がり」「○○県出身なので」……といった情報を出しながら相手に話題をふる
2 自分の話がメインではなく、相手に話題を持っていくのがゴールだということを忘れない

⑥

会話を明るい雰囲気にしたい！

雑談の空気を明るくする「パピプペポ」のオノマトペ

SCENE

あるウェブ会社から独立してフリーランスになったあなた。腕に自信はあるのですが、慣れない営業に苦労しています。「もっと社交的で明るい雰囲気」を出せればいいとは思っているのですが……具体的にどうしたらよいのでしょうか？

オノマトペで臨場感や感情を伝える

前作、会話を盛り上げるには「オノマトペ」が有効な手段だとお伝えしました。

オノマトペとは、

「雨がザーーーーーッと降ってきた」

のザーーーーーッの部分にあたる言葉です。情景や臨場感が伝わりやすくなり、また、会話に抑揚をつけるにも便利なものです。特に**感情表現が苦手な方は、オノマトペを会話に入れていくだけで印象がだいぶやわらかなものに変わります。**

あれこれ言葉を尽くすより、印象に残るフレーズ

ここでは、より効果的なオノマトペとして「パ行」を使ったものを紹介します。
パ行は破裂音で、印象を強く残すことができる言葉だといわれています。

パ＝「パーッと」「パリパリ」など
ピ＝「ピンと」「ピッタリ」など
プ＝「プリプリ」「プルプル」など
ペ＝「ペラペラ」「ペロッと」など
ポ＝「ポロッと」「ポロポロ」など

パ行は、ちょっと気持ちを引き立てるような印象のある言葉です。他の音と比べてみると、ダントツに「明るさ」「軽さ」を印象づけることができ、ポジティブなニュアンスを出すことができるのです。

ですから、私はこのパ行のオノマトペをおすすめします。

たとえば感動的な映画を観たとき、その感想として「涙を禁じえませんでした」と言うより「涙がポロポロ止まりませんでした」のほうが、その感動がダイナミックに伝わってきますね。

おいしいものを食べたときに、「あまりにもおいしいもので箸が止まりませんでした」と言うよりも、「あまりにもおいしくて、ペロッと平らげてしまいました」のほうが、よっぽどおいしかったんだろうと思わせることができます。

このように自分の気持ちをあらわしたいときは、パ行のオノマトペを意識的に使うようにしてみてください。

6 会話を明るい雰囲気にしたい！

前作「超一流の雑談力」で紹介したこと

「オノマトペ」を取り入れることで会話にリズムが生まれる

「超・実践編」で紹介したこと

感情や描写のダイナミックさをあらわすなら「パ行」

例文

「パーッと景色が明るくなりますね」

「すみません、今ピーンとひらめいたのですが……」

「そのわらび餅、感動的なまでにプルプルな食感なんですよ」

「彼は英語だけじゃなく、ドイツ語もペラッペラなんですよ」

「申し訳ありません、つい本音がポロッと出てしまいました（笑）」

7

声のボリュームを調整

相手のことを話すときには
声を大きく
自分が主張するときには
声を小さく

SCENE

体育会系出身で、「ノリ」と「元気」がウリのあなた。しかしながら、先日お客様を接待した際、上司から「君、ちょっとボリュームを下げて……」と注意される一幕が。声の「ちょうどいいさじ加減」ってあるの?

声の高さは、高いほうが社交的な印象になる

前作、雑談中の「声の高さ」についてお話ししました。

日本人はたいてい声が低すぎるので、高めを意識すること。

具体的には、**「ドレミファソラシドの〝ファ〟から〝ソ〟を目安にする」**と、感じのいい雰囲気が出るとお伝えしました。高い声は「社交的な印象」を与え、一方低い声は「冷たい印象」を与えてしまうのです。

声の高さを調整するだけで、人の印象は驚くほど変わります。

自分にとって興味のない話は、「雑音」と同じ

そして今回は、声の高さではなく、大きさ。ボリューム調整のテクニックをお伝えします。

冒頭のケースのように、**「いつでも明るく大きな声」がいいわけではなく、話の性質によって声の大きさは使い分けたほうがよいのです。**

では、どのように使い分けたらいいのでしょうか？

まず前提として、人間にとって「興味のない話」というのは、「雑音」と同じようなものです。雑音というのは、5割増しくらい大きな音で聞こえてしまいます。

たとえば我が社の社員のAくんは、明るく気さくで楽しい性格がウリ。まさに営業マンといった人物です。

ところが、ある日社員たちで飲み会をしていたときです。

その明るさやおしゃべりが、やけにけたたましく聞こえてしまったのです。「Aく

ん、うるさいよ！　もう少し声小さくならないかな」と、何度か注意してしまったほどです。

そのとき彼を注意したときの話題を思い出してみると、「Aくんの高校時代の話」「Aくんのマニアックな趣味」……と、他の人にとってはまったく関係のない話。つまり、その場にいる誰もが興味のない話だったのです。

本人は自分の話なので楽しいのですが、本人が盛り上がるほど、まわりは引いてしまうという悪循環になってしまいます。

ですから、声のボリュームは、

・相手について話しているときや、相手の話を聞いているときは、ボリュームを大きく

一方、

・自分の主張をするときは、ボリュームを小さく
を心がけてみてください。

相手の話をしているときのボリュームが１００とすると、自分の主張をするときには50～60くらいのボリュームで十分です。

相手の話をしているときにはボリュームを大きくすることで、「興味を持っている」という姿勢を示すことができます。

また、自分の主張のボリュームを小さくするのには、相手に「うるさい」と思われないようにすることともう一つ、「注意を引きつける」効果があります。

相手の話題、相手へのリアクションは
ボリューム大

自分に関する話題は、
５～６割のボリュームに落とす

小さいボリュームで話すことで「ここだけの話なんですが……」というニュアンスが出しやすく、さらに、**「ちょっとだけ聞こえにくい」くらいのほうが相手も耳を傾けるので、話への集中力が高まる**のです。

さじ加減がわかってくると、自分で雑談のペースをつくることができるのでとても便利なテクニックです。

ぜひ、トライしてみてください。

声のボリュームを調整

前作『超一流の雑談力』で紹介したこと

声の高さ：雑談においては、高めの声のほうが「フレンドリーさ」を伝えるのに適している

↓具体的には、「ドレミファソラシド」の「ファ」か「ソ」

「超・実践編」で紹介したこと

声の大きさ：ボリュームを調整することで雑談のペースをつくることができる

1 相手に関連する話をするときはボリュームを大きめで

2 自分の主張をするときは50〜60％のボリュームにすると注意を引きつけることができる

8

雑談で話題にすべき究極のテーマ

地域ネタを制する者は雑談を制する

SCENE

雑談で盛り上がる鉄板のネタといえば、「お互いの共通点」。そこで、共通点を見つけようとするのですが……なかなかヒットしないことも。もっと短時間で、スムーズに関係を縮めたい！　そんなときにはどうすればいい？

もっとも関係を深めやすい雑談のテーマ

雑談の始まりにはいくつかの適したテーマがあります。

前作では、**気候／相手の会社情報／衣服、ファッション／健康／趣味／最近のニュース／共通のこと／出身地／血液型／仕事**を挙げました。

そもそも話題とは、雑談が進むにつれてどんどん移り変わっていくものなので、最初は「あたりさわりのないものでいい」むしろ、「あたりさわりのないものこそが正解」だとお伝えしています。

ただ、この中で一つ、極めれば絶大な効果を発揮する話題があります。

それが、出身地についての話題＝地域ネタです。

相手の出身地の話になったとき、すかさず「**あ、◯◯先日行ったんですよ**」「**その辺、××がありますよね？**」などとフォローを入れると雑談に火がつきやすくなります。

地方出身の方が、故郷の話をできる相手を見つけられたら嬉しいものです。

私も自分の出身地である宮城県の話題が通じる方と会うと、それだけで嬉しくなります。

雑談の目的は、相手との距離を縮めること。そのためには、何かしらの共通点を探すことが一番です。その点、この地域ネタはもってこいなのです。

また、地域ネタのもう一つ素晴らしいところが、「情報が劣化することが少ない」こと。

時事ネタや流行に関係する話題はどんどん更新されていくので、数か月も経てば使えなくなってしまうこともあります。

一方、地域ネタ、中でもその土地の名物や名所に関する知識は大きく変わることはありません。

つまり、勉強すればした分だけ使える武器として残る。この点でもおすすめです。

まずは王道をおさえる

雑談で使う地域ネタは、簡単なもので構いません。

たとえば、「仙台出身なんですか！　白松がモナカ好きなんですよ！」と、地域の銘菓を挙げるだけでも好感度を上げることができます。

理想的には、47都道府県すべて把握することですが、地方ごとに大枠でつかんでおくだけでも問題ありません。たとえば、

A「もしかしてBさんは東北のご出身ですか？」
B「え、どうしてそう思うんですか？」

A「イントネーションから何となくそう思いまして。私は宮城県なんです」
B「違うんだけど、実は2年間盛岡で支店長をやっていたことがあります」
A「そうでしたか！ どこかお声を聞いていて、安心できる響きだと思っていたんですよ」

このようなやりとりなら、ピッタリ正解でなくても好感度が上がります。

歴史や郷土愛の強いものにふれるときは注意

ただし、注意点があります。
地域の歴史はいいことだけではありません。悲しい歴史などによる因縁などもあるものです。
他県の人からすると同じように見える近隣の都道府県でも、「××県と一緒にされたくない」、「○○県とは違う」ということもあるのです。

また、こんな落とし穴もあります。

たとえば、東北地方の違いを説明するうえでよくネタになる「芋煮」という郷土料理があります。山形では「牛肉に醤油ベース」、宮城では「豚肉に味噌ベース」と、名前は同じでも調理法がまったく違うのです。

関西名物「お好み焼き」も同様で、地域によって調理法が違います。中でも、広島県発祥のお好み焼き（麺が入っているタイプ）を他県の人は「広島焼き」と言いますが、広島出身の人に「広島焼き、おいしいですよね！」というのはNG。「広島焼きじゃなくて、これがお好み焼き！」と、誇りを持っている人もいるのです。

このように、歴史的な事実や郷土愛の強いものにふれるときは注意が必要です。

やってしまったら素直に教えを乞う

とはいえ、地雷をすべて回避しながら地域ネタを扱うというのは、簡単なことではありません。

実際の相手の反応を見ながら、「使えない知識」と「使える知識」の線引きができていきます。

では、地雷を踏んでしまったときはどうすればいいのか。

答えはシンプルです。素直に謝って、正しい知識の教えを乞いましょう。

「失礼しました。芋煮といっても、山形のものと宮城のものとではぜんぜん違うのですね。不勉強で申し訳ありませんでした。ぜひ、その違いをご教示いただけないでしょうか？」

このように素直に教えを乞えば、場合によっては「素直で見どころのある子だな」と感じてもらえ、地雷を踏んだマイナスイメージが引っくり返ることすらあります。

ただし、これは若い方に限ったリカバリー方法です。

ある程度年齢の高い方では「常識がない人」というレッテルを貼られてしまいますから、深入りせずに話題をずらすほうがよさそうです。

メジャーなものから、高校野球の強豪校まで

では、具体的にどんな地域ネタを勉強するとアドバンテージになるか考えていきましょう。

まずおさえておくべきなのは、「○○県といえば？」というほどメジャーな名物、名所です。

静岡といえば、富士山や桜エビ。福岡といえば太宰府天満宮（だざいふてんまんぐう）や明太子、といった具合です。各県で10個ほど覚えられたら、話のきっかけとしては十分でしょう。

次の段階としては、ど直球のメジャー品ではなく、少し渋目のチョイス。このほうがより「知ってるなぁ」と思ってもらえ、会話の熱を高めることができます。

たとえば宮城県にある宮城峡蒸溜所（みやぎきょうじょうりゅうしょ）。これはＮＨＫの朝ドラ「マッサン」こと竹鶴政孝氏が手がけたニッカウヰスキー第二の工場です。

ニッカと北海道の余市の工場は知っていても、宮城峡蒸溜所を知らない方は多いと思います。それだけに、このキーワードをふっと出せると、仙台出身のお酒好きの人などに効果的なキーワードになります。

さらに、ある程度おさえられた人は、各都道府県にある「高校野球の名門校」を覚えてみるのもよいでしょう。

「豊田市ご出身ですか。というと、たしか××高校があるところですよね！」

その出身校の人でなくても、地元で有名な高校です。「なんでそんなことを知っているんだ！」と盛り上がるでしょう。

今回は巻末に、各地道府県別に「雑談のネタ」になる名物・名所を収録しています。まずは入門として、この辺から始めてみるのがおすすめです。

体験に勝る学習なし

これらの地域ネタは、初めのうちはインターネットや本で学ぶのが常套手段ですが、やはり体験に勝る学習はありません。仕事や旅行などで地方に行ったときは、ぜひ実際に名所を訪ねたり、名物を食べたりして見聞を深めてください。

また、**地域ネタを披露する際も、「ちょいモリ」がおすすめ。**実体験で仕入れた知識は、ちょいモリがしやすくなります。

たとえば、兵庫県姫路市出身の方に姫路城の話をするとしましょう。

「姫路の企業で研修をさせていただいたとき、その前に空いていた時間で姫路城に行ったことがあるのですが、あまりの広さに本当に驚きました。さすが日本唯一の城単独の世界文化遺産ですね。

とても暑い日でジャケットを脱いで歩いていたのですが、**それでも広すぎて汗だくになってしまって、**研修前だというのに近くの店で生ビールを一杯飲んでしまったほどです（笑）。**「これは今のところ人生でも一度きりの経験です」**

インターネットで調べれば、日本の中で「城単独の世界文化遺産」は姫路城だけだということはわかります。しかし、実体験があることで「体感」した話をすることができ、引きつける力が強くなるのです。

なお、この姫路の話は私の実体験。その広大さには本当に驚かされたものです。

ちなみに、このとき生ビールをいただいたお店の名前は「高田の馬場」。東京にある地名と同じで、これもちょっとした話題になります。

海外旅行もよいですが、雑談に関していえば、おすすめは国内旅行。五感で体験したご当地ネタを増やしてみてください。

8 雑談で話題にすべき究極のテーマ

前作『超一流の雑談力』で紹介したこと

雑談の話題は「あたりさわりのないもの」から始めるのが正解

↓気候／相手の会社情報／衣服、ファッション／健康／趣味／最近のニュース／共通のこと／出身地／血液型／仕事

『超・実践編』で紹介したこと

中でも効果が高いのは、地域ネタ

1 誰もが知る名所や名物をおさえる
2 知る人ぞ知る名物をおさえる
3 地元の高校などをおさえる
↓座学ではなく、実体験を交えられるとベスト

雑談ゼミ1　雑談にはフィジカルも重要

雑談には、知識やノウハウだけでなく「身体」の使い方が非常に重要です。

最新の脳科学の研究では、人は脳で考えてから行動するのではなく、行動が先で、それから脳が働くことがわかっています。

これは非常に納得できる話で、たとえば緊張しているとき、手を動かしながら話すと緊張が取れたり、言葉がスラスラと出やすくなります。

私自身は英語を話すときによく手を動かすのですが、手を動かしながら話すことで思考が日本語から英語に切り替わっていき、舌もなめらかになっていくのです。

つまり雑談力というのは、口先だけの技術でなければ、知識だけの問題でもありません。身体全体を使って、何をどう伝えていくか、総合的なスキルなのです。

雑談の基本として大切な「笑顔」もその一つです。

表情筋が衰えている方は、笑顔をキープしているつもりでも、雑談が長くなるとだんだんと笑顔が消えていってしまいます。

好印象の笑顔をキープするには、表情筋を普段から鍛える必要があります。雑談しているときの表情には、日頃の姿勢が出てくるのです。

また何より、総合的な体力も重要です。

私は何十年もテニスをしているのですが、これには単純に趣味という面と、体力を養うという目的もあります。

このあとお話しする「聞き方」は、実は「超一流の雑談力」の本質の部分。この聞き方が、一流と二流を明確に分ける境界だと私は考えています。

相手の話の要点を漏らさないように、しっかりと聞き続ける集中力を保つには、技術はもちろんのこと、持久力も非常に重要な要素です。

ぜひ、今まで目を向けていなかった「表情」や「身ぶり手ぶり」、また「持久力」などに目を向けてみてください。

雑談のレベルがまた一つ上がることと思います。

第
2
章

心をわしづかみにする聞き方

人との〝違い〟が出る質問とリアクション

9

ワンランク上の聞き方

「見どころがある」と思わせる聞き方のコツはキーワードの拾い方

SCENE

あなたは、とある雑誌社で記者として働いています。今回、メディア露出をしないことで有名な「超大物」と呼ばれる経営者の話を聞けることになったのですが……いったい、どうすれば相手の本音を引き出すことができるでしょうか。

話を聞き続けるだけでも人との違いを出すことはできる

さて、この章からは「聞き方」について前作で紹介したことをまとめながら、さらなる技術をお伝えしていければと思います。

雑談というと、みなさん「自分が話すこと」にどうしても意識が向いてしまうのですが、「雑談の真髄」は聞き方にあります。

前作でも、「聞くことは話すことよりも3倍の労力が必要」だとお伝えしました。

人の話を聞き続けるというのは簡単なことではなく、「うん」「うん」とうなずくだけで、おそろしいくらいの体力を使いますし、相手がうなるような的確な返しをするには、話の本質を理解しなければならないので、とても神経を消費します。

つまり、とても疲れるし難しい……そのため、なかなか話を上手に聞ける人はいないのです。

だからこそ、他の人との違いが大きく出る部分になります。

冒頭のようなケースの場合は最たるものです。

「大物」「一流」と言われるような人に「見どころがある」と思ってもらう方法、それは単純な話、相手の話を上手に聞くことです。

「見どころがある」「人とは違う」という感覚をより具体的に表現すると、**「この人は真剣に話を聞いてくれている」「理解してくれている」という安心感を持ってもらう**ということです。

そこでまず、この安心感を高めるために「超一流の聞き方」で全体的に通ずる「ワンランク上の聞き方」のテクニックを紹介します。

キーワードを拾うことで聞き方のレベルが上がる

ワンランク上の聞き方、それは「キーワード」を意識することです。
このテクニックは大きく分けて2つあり、

1　相手が何気なく言った一言を折にふれて出す

2　相手の好きなキーワードを使う

というものです。
まずは1「相手が何気なく言った一言を折にふれて出す」。これは単純で、

「先ほどおっしゃっていた○○（品物やお店の名前）、とっても興味があります」

「○○（出身地や企業名）のみなさんもさぞお喜びになるでしょうね」

「そうか、だから先ほど〇〇（相手のセリフ）とおっしゃっていたんですね」

と、相手が何気なく出した単語を記憶しておき、会話の合間に挟んでいきます。

私も研修をしていて、何気なく口にした地元の高校の名前などを受講者の方が覚えていてくれると、「この人は話を聞いてくれていたんだな」と嬉しくなります。

特に注意しておさえる言葉としては、

・話題の中心となっている固有名詞（人、場所、もの）
・相手の表情が明るくなり、楽しそうに話しているときに出るキーワード
・相手が力説している点、自慢的なトーンが入ったときに出るキーワード
・相手のルーツ（郷土やプライベート）に関わるキーワード

などが挙げられます。

そして続いてのテクニックが、2「相手の好きなキーワードを使う」です。

これは、少し難易度が高くなります。

そもそも人間というのは、日常的に使う言葉、ボキャブラリーがある程度限られています。

たとえば「社風」や「業界」によって独特の言葉や言い回しがあるのです。そのボキャブラリーに合わせて言葉を使います。

というのも、**特徴的なキーワードには相手の「信念」が込められていることが多く、キーワードを共有することで思いも共有できます。**つまり、相手の共感を誘うことができるのです。

やり方としては、このような具合です。

B「Aさんは、これまで裸一貫でやられてきて、何か秘訣はあるんですか？」
A「別に私は成功もしてないですし、申し上げることもないのですが……一つ言うのであれば、私のモットーは〝愚直(ぐちょく)〟ですから」

これは過去実際にあった例で、その会社では「愚直」というキーワードを使う社員の方が多かったのです。そこで、役員の方との話の中で「愚直」と使ってみたところ、バッチリはまり、意気投合することができました。

このテクニック、**特に喜ばれるのは、相手が好きなキーワードを「先回り」して使うこと**です。

先回りするためのコツとしては、相手がすでに使ったキーワードから、相手が好きそうな言葉を予想することです。

先ほどの愚直であれば、「一途」「まっすぐ」「ひたすら」「嘘をつかない」「一直線」「バカまじめ」といった言葉が類語として挙がってきます。

先回りに成功すると、「そうそう！　私も……」と、相手の共感は大幅に高まるのです。うまくいくと、雑談のエンジンが一気に点火されます。ぜひ、試してみてください。

相手が使う言葉から、共感を呼ぶキーワードを先回りする

相手が「本物」という言葉を使った場合

類推されるキーワードを先回りする

9 ワンランク上の聞き方

前作「超一流の雑談力」で紹介したこと

聞くことは話すよりも3倍労力が必要

↓それゆえに、聞き方をマスターすれば違いが出せる

「超・実践編」で紹介したこと

ワンランク上の聞き方「キーワードを拾って聞く」

1 相手がふと口に出した固有名詞などを覚えておき、それを不意に出す

↓話題の中心となっている言葉／楽しそうに話しているときの言葉／力説や自慢的なトーンが入ったときの言葉／相手のルーツ（郷土やプライベート）に関わる言葉

2 相手が好きそうなキーワードを読み、できれば先回りして出す

10

リアクションを極める

人を気持ちよくさせるツッコミ「え〜、本当ですか！」5段活用

SCENE

あるベンチャー企業でＰＲ兼営業として働くあなた。営業には社長と同行することが多いのですが、社長は何と言っても話のリアクションが抜群にうまい。すぐに人と仲良くなり、大きな案件を決めます。何か秘訣はないの？

どんなシーンでも多用できる便利な盛り上げフレーズ

前作では、雑談を盛り上げるフレーズとしていくつかのリアクションを紹介しました。

- **あえて視線を外しながら相手を褒める「つぶやき褒め」**
- **あいづちの「さしすせそ」**
- **雑談の結びに効果的なフレーズ「ファンになっていいですか？」**

これらがごく自然にできるようになると、相手はどんどん気持ちよくなっていき、会話はなごやかな雰囲気になっていくのです。

そして今回、もう一つ。

使い回しがきき、なおかつ非常に効果的な言い回しを紹介しましょう。

それが、

「え〜、本当ですか!」

です。

「あまりにも話がおもしろくて、それって本当ですか?」と言いたいシチュエーションで使える便利なフレーズです。単純な驚きのリアクションとしても、また、「もっと聞きたい」という興味を示す役割としても機能します。

使い方としては、次のようなものです。

B「昨日、みんなで飲んで、盛り上がって2軒目のお店に行ったんですよ」
A「へぇ、どんなお店ですか？」
B「それが、普通の洋食屋さんなんですけどね。そこからなぜか、食欲がガンガン湧いてきてしまって……（笑）」
A「ええっ、2軒目からですか！それはすごい！何を食べたんですか？」
B「まず、エビフライ食べて、オムライス、カツカレー………」
A「えー！」
B「それから、ピラフと、ミートソーススパゲッティーに、ハンバーグ……」
A「ええ～！本当ですか!?（笑）」

と、このように使います。

特に、相手が楽しそうに話をしているとき。

より具体的に言うと、**「話している人の鼻がちょっとふくらんでいるとき」**は、その人が興奮して話している証拠ですので、そこですかさず、「ええ～、本当ですか！」

と合いの手を入れましょう。

このフレーズがとても便利なのは、強弱によって5段階で活用できることです。

「え～、本当ですか!」5段活用

レベル5

目を見開いて、空中を見て、大きく、高い声で。裏声になるくらい。「ええ～!」にすべての感情を込める。

レベル4

目を見開いて、相手の目を見ながら、大きく高い声で。「え～」に感情を。

レベル3

目は見開いて、声は平常。どちらかというと、表情で見せる。

レベル2

目は7割程度に開き、「え～」ではなく、「本当ですか!?」にウェイトを置く。詳細を聞きたいときに、ツッコミのようなニュアンスで。

レベル1

目は普通、「え～、本当ですか!」。ただし、懐疑的なトーンにならないように要注意。

ポイントとしては、リアクションを大きくしたいときほど、目をむいて大げさに表現することです。

そして、**最初の「ええ〜!?」で、驚きや感動、また興味といった感情を込めて、一瞬間をつくります。**

そのあとの「本当ですか！」では、少しトーンを落としましょう。

お話し好きの人が相手の場合、このリアクションはとても効果的。相手もどんどんギアを上げてくれます。

この「え〜、本当ですか！」を自然に使い回せるようになれたら上級者です。

なお、「え〜」のあとは、「本当ですか！」だけでなく、「**すごいですね！**」「**そうなんですか！**」などにも置き換えができます。

重要なのは、表情と声のトーン。

次ページに目安になるイラストを用意しましたので、参考にしてみてください。

⑩ 人を気持ちよくさせるツッコミ 「え～、本当ですか!」5段活用

え～、本当ですか！表情の違い

最大限の驚きや喜びを表現したいとき

驚きや喜びを表現したいとき

親しみを込めた表情でかわいげのあるリアクション

「その話、興味があります」というあいづちとして

相手が話し始めたときなどにあいづちとして

10 リアクションを極める

前作「超一流の雑談力」で紹介したこと

会話の温度を高めるリアクション

1 あえて視線を外しながら相手を褒める「つぶやき褒め」
（宙を見つめ、「そんな考え方があったなんて、さすがだなぁ」……などと感心する）

2 あいづちの「さしすせそ」（詳しくは次項で）

3 雑談の結びに効果的なフレーズ「ファンになっていいですか？」
（「今日はお会いできて本当に楽しかったです。○○さんのファンになっていいですか⁉」と会話の最後に伝えることで印象をさらに高める）

「超・実践編」で紹介したこと

「え〜、本当ですか！」5段活用

↓ 驚きや、話への興味を効果的にあらわすことができる

11

リアクションを極める2

あいづちの「さしすせそ」に一言足して心を打つ

SCENE

自分では興味深く聞いているつもりだけど、人から「リアクションが薄いよ」「本当にちゃんと聞いてる？」と言われることが多いあなた。いったい、どんなあいづちをすれば聞いていることが伝わる？

「さしすせそ」のあいづちで相手を心地よくさせる

話を聞くうえで、リアクションやあいづちは重要なテクニックです。日本人は基本的に反応が薄い人が多いので、ここを徹底するだけでも「話を真剣に聞いている」という印象を与えることができます。

そこで、前作ではあいづちやリアクションについていくつか基本的なテクニックを紹介しました。

その一つが、あいづちの「さしすせそ」です。

「さ＝さすがですね」
「し＝知らなかったです」
「す＝素敵ですね、すごいですね」
「せ＝センスがいいですね」
「そ＝そうなんですね」

相手の話を受けて、このようなあいづちを使うことをお伝えしました。
なぜ「さしすせそ」が効果的なのか。それは、「さ」行の言葉は耳あたりがよく、心地がいいからです。

「さしすせそ」に一言足すことでより効果的に

しかしながら、「さしすせそ」のあいづちはいずれも非常に抽象的な言葉なので、乱発すると「本当に話を聞いているのか？」「本当にそう思っているのか？」と思われてしまうので注意も必要。

そこでさらなる応用技術として、説得力を増すための「一言ちょい足し」テクニックをお伝えします。

そもそも、「さしすせそ」のリアクションを通して伝えたいことは、相手の話に価値を見出し、共感しているということです。

そこで、**「どこに感動したのか」という点を表現する言葉を足してみましょう。**

これがうまくできると、共感をより効果的に伝えることができます。

たとえば、おいしい日本酒をいただいたら、

「こんなおいしいお酒、知らなかったです！**さらさらした飲み心地ですね**」

このような感想を足してみましょう。

その際、注意点として**「表現は具体的すぎないほうがいい」**ということに気をつけてください。「抽象的な言葉を抽象的な言葉」で補足するというのは、少し不思議な感じがするかもしれません。

試しに具体的な言葉だとどうなるか見てみましょう。

「こんなおいしいお酒、知らなかったです！**精米歩合がかなり低いんじゃないですか？甘みが違いますね**」

このような表現は、「鼻につく」イメージになることもあります。特に料理やお酒、美術品などに対して「シンプルに感動」を伝えるには、やや抽象的なほうが適しているのです。

お酒以外のシーンでは、たとえばこんなことです。

「さすがだなあ！＋一**瞬息が止まっちゃったよ**」

「知らなかったです！＋**そんなの誰も教えてくれませんでしたよ**」
「すごいですね！＋**こんなケーキは食べたことがありません**」

ポイントは、**「自分はどう感じたか」「自分の今までの体験と比べてどうだったか」**。このあたりを感想として盛り込むことです。

さらにもう一つ、このちょい足しでもっとも効果的なのは、「相手が自信を持っていることを持ち上げる」感想です。この場合は、具体的な言葉でも問題ありません。

たとえば、私の雑談の武器の一つに「健康ネタ」があるのですが、新しく仕入れた知識を披露したときに、

「えっ、知らなかったです！＋**そんなの『ためしてガッテン』でもやっていませんでしたよ。勉強になります！**」

などと言われたらついついニヤニヤしてしまうでしょう。相手がすでに知っている

人であれば、ぜひ趣味嗜好を理解したうえで言葉を選んでみてください。

上から目線とヘタなユーモアは避ける

一方、このちょい足しの注意点としては、

①「上から目線」として捉えられかねない感想
②ユーモアを交えた感想

これらは、避けておいたほうが無難です。
たとえば、おいしい食事をごちそうになったときの感想として、

①「上から目線」として捉えられかねない感想

「さすがですね。↓銀座の○○（有名店）でもここまでのものはなかなかないですよ」

②ユーモアを交えた感想

「さすがですね。↓こんなのパリの三つ星レストランでも出てきませんでしたよ！……行ったことないんですけど！」

①の上から目線は鼻につく可能性があり、②のユーモアを交えるパターンはかなりリスキーです。キャラクターに合っていないことはしないほうが無難でしょう。

基本的には、初対面の相手で見極めに自信が持てないときは、より無難そうなちょい足しを選ぶようにしましょう。

11 リアクションを極める2

前作「超一流の雑談力」で紹介したこと

あいづちのさしすせそ

↓「さ＝さすがですね」「し＝知らなかったです」「す＝素敵ですね、すごいですね」「せ＝センスがいいですね」「そ＝そうなんですね」

「超・実践編」で紹介したこと

「さしすせそ」に一言足す

1 「どう感じたか」「今までと比べてどうか」などを添える

2 相手が自信を持っているところを刺激するのも一つの方法

3 「評価」するような言い回しやヘタな「ユーモア」は避ける

12

オウム返しの応用技術

「ごめんなさい！ ○○ですか？」であえて会話の流れを止めてテーマをコントロールする

SCENE

「おしゃべり好き」で知られる取引先の人と雑談中のあなた。「あ、その話もっとしたいな」と思う場面がやってきても、相手はお構いなし。話題がどんどん別のものに変わっていってしまいます。いったい、こういうときはどうすればいいの？

オウム返しで雑談の「展開」を変える

前作で、相手の言葉をそのまま繰り返す「オウム返し」をご紹介しました。

B「この前、マラソンの市民大会に出たんですよ」
A「えっ、大会に出られたんですか、フルマラソンですか？」

このようなオウム返しには、

① **相手から情報を引き出すことができる**
② **質問を考える時間を稼ぐことができる**

というメリットがあるので、雑談の展開を変える効果が期待できます。

ただし、オウム返しをする場面は、ある程度絞らないといけません。

なぜなら、オウム返しは、相手の話を一度止めるからです。せっかく気持ちよく話していたのに、興をそがれた……そんなふうに感じてしまうこともあります。

ですから、**相手が気持ちよく話しているときには、使ってはいけない技術**です。

話を止めることでヨコ軸を固定する

ところが、ものは使いよう。今回は、この「話を止めてしまう」というオウム返しの特性をふまえたうえで使える、ワンランク上のテクニックを紹介します。

意図的に流れを止めたいときは、どんなタイミングでしょうか？

それは、**「あ……今話しているこの話題、雑談を深める（核心に迫る）ポイントがありそうだぞ」「ここは掘り下げたいな」**というときです。

「この前、市民マラソンの大会で沖縄に行ったんですけどね、沖縄いいところだったんですよ～」

たとえば、このようなとき。そのまま行くと、沖縄の話題になってしまいます。この雑談を沖縄の話ではなく、マラソンで話を広げたい……そう思ったとき、オウム返しで止めてみましょう。

B「この前市民マラソンの大会で沖縄に行ったんですけどね、沖縄いいところだったんですよ～」

A「ごめんなさい、マラソンはハーフですか？それともフルですか？」

大切なのは、「ごめんなさい」です。

相手は沖縄であった体験を話したかったはず。それをわざわざ止めるのですから、「ごめんなさい」と断りを入れてからオウム返しをしてください。

そしてこのとき、**続けて「なぜわざわざ話を止めたのか」という理由を伝えてください。**

A「話を止めてすみません、実は会社が健康プログラムの一環で社員にマラソンを推進してまして、どんなものなのかお話を伺ってみたかったんです」

などと付け加えて、話を「マラソンの練習方法(=トレーニング)」「会社の制度」「健康」などの方向に持っていくことができます。

注意点としては、「自分の話をしたくて話を止めた」、と受け取られる形になってはNGだということです。

あくまでも、相手の知っていることを教えてほしいので止めました、という流れが必要になります。

これをうまく使えるようになると、自分が本来話したい「本題」と雑談のテーマを結びつけ、徐々に核心に迫っていくことができます。

「なぜ止めたのか」の理由づけを、ぜひ練習してみてください。ここがうまくできれば、雑談は思いのままです。

オウム返しの応用技術

前作「超一流の雑談力」で紹介したこと

雑談中、オウム返しをすると

1 相手から情報を引き出すことができる
2 質問を考える時間を稼ぐことができる
※ただし、話の流れを止めてしまうので乱用は厳禁

「超・実践編」で紹介したこと

あえて話の流れを止めて、雑談の方向性を修正する

1 「ごめんなさい」と言ってから止める
2 なぜ止めたのか、理由を説明する（どうしても聞きたいことがあって止めた、というニュアンスにする）

13

相手に「語ってもらう」技術
「どうしてそんなに○○なんですか？」で自慢話を引き出していく

SCENE

同僚のYさんは、格別優秀ではないのですが、有名な「オヤジキラー」。社内外で部長クラスの人にどんどん気に入られていきます。自分も年上に気に入られて、仕事をやりやすくしたいのだけれど……何かいいテクニックはない？

エピソードを引き出す質問「何か特別なことをされているんですか？」

雑談の基本は、聞くこと。相手に気持ちよく話してもらって、そこから話題を広げていくことが基本戦略になります。

特に相手の立場が上の場合、これは絶対のルールです。

そして、相手が話すきっかけをつくるフレーズとして、前作では

「何か特別なことをされているんですか？」

というフレーズを紹介しました。

- **「引き締まった身体、うらやましいなぁ……何か特別なことをされているんですか?」**
- **「60歳!? 失礼ですが、年齢を感じさせない肌のツヤですね。何か特別なことをされているんですか?」**
- **「とっても素敵な時計ですね、何か特別なものなんですか?」**

このように相手の特徴的な部分を切り出して、エピソードを引き出す。これによって、その人の持つ価値観や、バックグラウンドを引き出すことができます。語ってもらったことを軸に、雑談を広げていくことができるのです。

より使いやすいフレーズ「どうしてそんなに◯◯なんですか？」

今回はさらにもう一つ、より簡単に相手のエピソードを引き出すことができるフレーズを紹介しましょう。それが、

「どうしてそんなに◯◯なんですか？」

です。

使い方としては、

「どうしてそんなに若々しくいられるんですか？」
「どうしてそんなに出世することができたんですか？」
「どうしてそんなに謙虚でいられるんですか？」
「どうしてそんなに素早い判断ができるんですか？」

といった具合です。

「何か特別なことをされているんですか？」というのは、その人が自信を持っていそうな部分、思い入れを持っていそうなところに勘を働かせて使うフレーズで、勘が外れる可能性（＝特別な思い入れがない場合）も多々あります。

この「どうしてそんなに○○なんですか？」は、その必要がなく、自分の感想として伝えるだけ。使い勝手がいいのです。

ただ、使いやすいだけに、ややあけすけというか、直接的すぎるところがあります。

このフレーズを使う前には、

「下世話な質問ですみませんが……」

「思い切って伺ってもよろしいですか？」

といった断りをクッションとして入れると丁寧な印象がするでしょう。

さらにもう一つ。たずねるときには、なぜそのことをたずねたか、理由をセットにすると、「嘘っぽさ」「社交辞令っぽさ」がなくなります。

A「どうしてそんなに視野が広いんですか？　私はどうも、自分が関わっていることだけでせいいっぱいになってしまって。コツがあったらぜひ教えていただきたいのですが……！」

相手にとっても「自慢話をする理由」ができるので、気恥ずかしさを減らすことができるのです。

自慢話をさせることで相手が快適になる

このフレーズは、特に「年齢が上」の方に効果的です。

寂しい話ですが、人は年齢を重ねるほど「実績」などによって社会的な立場や地位が結果として目に見えてきます。

たとえば、大きな会社で部長になれる人は、同期入社した人のうちでわずか数人。さらに、その上の役職者になる人は、その部長の中でさらに1人。数百分の1、場合によっては数千分の1の出世競争を繰り広げています。

ですから、部長になれなかった人も、部長の役職にいる人でさえも、少なからず劣等感にさいなまれているものなのです。

その劣等感を吐き出す方法の一つが、自慢をする、ということなのです。

つまり、自分のしてきたこと、自分の存在というものを肯定してほしい。私自身を含め、人間というのはそういうものなのです。

そこで、このフレーズは効果的。その人が積み上げてきたもの、その人の今現在を肯定することができます。

13　相手に「語ってもらう」技術

前作「超一流の雑談力」で紹介したこと

「何か特別なことをされているんですか？」

↓ 相手の思い入れの強い部分を引き出すことができる

「超・実践編」で紹介したこと

「どうしてそんなに〇〇なんですか？」

↓「何か特別な～」に比べてより使い勝手がいい

↓ あけすけな表現なので、「クッション言葉」や「話を聞いた理由づけ」を添えると相手も答えやすくなる

雑談ゼミ2　聞くことができれば、認めてもらえる

先日ご縁があって、とある財界人のAさんと食事をする機会がありました。京都のお茶屋さんで食事会のあとは、Aさん行きつけのバーに移動。

Aさんはお酒を一滴も飲まれないのですが、おしゃべりが大好き。止まることなく機関銃のようにお話をされています。

そして夕方に始まった会は、気づけば朝の4時。十数人で始めた会ですが、朝方には全員討ち死に（泥酔）状態……（笑）。その悲惨な状況の中で、唯一私だけが生き残って話を聞き続けていました。そして、これがきっかけで私はAさんと定期的にお会いすることができるようになった、という出来事でした。

最後まで話を聞き続けたことで、いわば「見どころがある」、「輪に入っていい」と認めていただけたのでしょう。

そのような例は枚挙に暇（いとま）がなく、聞く力を身につけるということは、本当

にバカにできません。

私の経験上、ビジネスでも政治の世界でも上に登っていく方の中には、お話し好きの方が多く、話を聞いてほしいと思っているものです。そこに「付き合い切る」だけで認めてもらうことができます。

仕事や人生は、その人間関係から劇的に変化していくのです。

第
3
章

困難な場面に対応する

魅力と説得力を増す上級テクニック9選

14

魅力的な話し方とは
標準語ではなく生まれ育った地方の言葉で話す

SCENE

人と会う機会が多いので、話し方を改善したいと思ったあなた。元アナウンサーが教える「話し方教室」に通っています。しかし、習っていることを実践している割に、あまり仕事や人間関係に変化がない気が……何が間違っているのでしょうか?

アナウンサーのように話しても雑談はうまくいかない

みなさんは、「話し方のプロフェッショナル」と聞くと、どんな職業を思い浮かべるでしょうか。

しゃべりのプロ……そういうと、「アナウンサー」という職業が浮かんでくるのではないかと思います。

ところが、**アナウンサーの話し方というのは、実はかなり特殊です。**

アナウンサーとはその名のとおり、「アナウンス」をするのが仕事。原稿を読み、その情報が間違いないように、誰もが聞き取れるように発音する、ということを主眼においてトレーニングされている「正しいニュートラルな標準語」です。

これは悪い言い方をすれば、「機械的」。美しくきれいであるがゆえに、無機的な話し方なのです。

一方、日常会話で必要なのは、正しい標準語ではなく、その人の人柄が伝わるような「魅力的な話し方」です。

魅力が伝わることで、自分のことを好きになってもらえて、距離を縮めることができます。

その際、特に重要なのが「かわいげ」。

ちょっと抜けていたり、隙があったりするところに、かわいげは生まれます。そのかわいげに、人は人間的な魅力・愛らしさを感じるのです。

つまり、雑談に必要な「魅力的な話し方」と、アナウンサーの「正しい話し方」とは、真逆と言っていいくらい方向性が違います。

地方出身者のイントネーションや方言は武器になる

雑談に求められる話し方は、正しさではなく、かわいげである。

そんな前提をもとに、もっとも簡単にかわいげを出す方法は何かといえば……それは、方言です。

地方出身の方は、進学したり、就職したりするタイミングで方言をあらため、標準語に矯正することも多いと思います。

ですが、基本的に方言は隠しきらず、むしろ「ちょっと出したほうがいい」というのが私の意見です。

具体的には、**使う単語自体は標準語に合わせて、しかし、言葉のイントネーションなどは自分の地方のものを残しておきます。**

私もプレゼンや研修で人前で話をしますが、意識的に仙台のイントネーションを残しています。

会社を経営しており、講師という仕事もしているので、「威圧感」を感じさせたり、警戒させたりしてしまう可能性があるので、親しみやすいという意味で仙台なまりを残したままにしているのです。

ふいに出る方言は「本音」の印象を与える

もう一つ、効果的な方言の出しどころがあります。

それは、相手の言葉に大いに納得したときや、自分の感情が高ぶったときなど、「ここぞ」という勝負どころです。

実際、意図的ではなく、感情的になるとついつい方言が出てしまう方もいると思います。そんなときはすぐにその方言の意味を説明すればいいのです。私も時折あります。

B「どうぞ、召し上がってください」

A「いただきます。………うんめぇー！ 失礼しました！ あまりにおいしくて、つい仙台の方言が出てしまいました（笑）」

このように言われて悪い気分になる人などいません。それどころか、人間味を感じさせ、距離がグッと近づきます。

なぜなら、**方言には「本心を言っている」ように感じさせる力があるから**です。

そもそも、多くの日本人は地方出身者です。

方言やアクセントは、私たちの人生のバックグラウンドなのです。無理して矯正したり、捨てたりする必要はありません。

ちなみに「標準語」＝「東京の言葉」ではありません。〝片付ける〟を〝カタす〟と言うように、江戸なまりがあったり、東京弁があったりします。

ですから、ぜひ自分が生まれ育った場所の言葉を大切にして武器として使ってほしいと思います。

14 魅力的な話し方とは

「超・実践編」で紹介したこと

雑談に必要な話し方とは、「正しさ」ではなく「かわいげ」である

1 方言のイントネーションを残すのが有効

2 標準語は無機質になりがちなので、表情と声の高さで補完を

15

話の説得力を増すには
たとえ話で
相手の共感をつかんで離さない

SCENE

とある中小企業で働くあなた。今までは最年少でしたが、この春、数年ぶりに新卒社員が入社しました。その指導係に選ばれ、仕事のやり方を丁寧に教えているつもり……。ところが、新卒の彼は「わかりました」という返事の割に、ケアレスミスが多い。いったい、どう注意したらいいの？

たとえ話を交えることで腑に落ちる話に

後輩指導の場面に限らず、「説明したいことがあるが、相手が理解しているか不安」ということは多々あるかと思います。

冒頭のケースのように「ケアレスミスが多いので注意してほしい」と相手に伝えたいとき。

「ケアレスミスに注意して」とストレートに伝えても、共感できないので腑に落ちない。そのため、何度同じことを伝えても効果はないでしょう。

そこで、共感を引き出すためにぜひ使っていただきたいのが「たとえ話」です。

人間は基本的に、**「興味があること」、「過去に経験したこと」以外に対して、情報感度が高くありません。**自分の経験を超えたことは理解できないのです。

ですから、「今話していることは、あなたにとって大事なことである」ということを、相手が共感できるたとえ話を使って理解してもらいます。

部下の指導の場面で

A「B君は、車を運転する？」

B「はい、ドライブは好きなんで、まぁまぁ運転しますね」

A「運転してるときってさ、普段生活してるときと比べて緊張する？」

B「そうですね、かなり気をつけてると思います」

A「具体的にはどんな点に気をつけてる？」

B「ええと……出会い頭で車や人が飛び出して来ないか、とか最近は都心でも自転車に乗っている人も多いのでヒヤヒヤすることもありますよ」

A「まわりの人に気を配ったり、四方に神経をとがらすよね。B君、その感覚がね、大事なんだよ。仕事のときも車の運転と同じもんだと思って、もう少しだけ自分のまわりのことに神経をとがらせてみたらケアレスミスが減ると思うんだけど、どうかな?」

このように、相手の体験にもとづいて話してあげると、単に「ケアレスミスをなくしてほしい」と言うよりも、腹落ちの度合いが違ってきます。

コツは、「共通点」を連想すること

では、より具体的な手法を見ていきましょう。

前作では、たとえ話のトレーニング方法として「謎かけ」をお伝えしました。

「AとかけましてBと解く、その心は……」というものです。

例：業績のいい会社とかけて、湘南のサーファーと解く。その心は「波に乗っている」

……つまり、それぞれまったく違うものから、共通の要素を抽出する練習です。

この「共通点を探す」という作業がたとえ話には欠かせません。

もっとシンプルな練習方法としては、「連想ゲーム」もいいでしょう。「バナナ」と言ったら「すべる」。「すべる」と言ったら「スケート」。「スケート」と言ったら……と、これを瞬時に会話の中で行えるようになると、たとえの幅は無限です。

たとえ話に適したテーマ選びのポイント

ただし、たとえると言っても、何にたとえてもいいわけではありません。相手に伝わることが大前提です。そのポイントは3つ。

1　身近なものでたとえる

↓その人がすでに経験していること、その人の身近で起きていることでたとえる

例：ウェブ系の仕事をしている人にウェブ関係のたとえ・子どもがいる人に子育てのたとえ

2　メジャーなものでたとえる

↓100人中100人が知っているようなテーマを選ぶ

例：東京オリンピックのたとえ・季節のたとえ

3　タイムリーなものでたとえる

↓最近話題になっているテーマを選ぶ

例：AI・ポケモンGO・イギリスEU脱退

このあたりを心がけてみてください。

3つテーマを持っていればどんな場面でも応用が利く

具体的に、私がよく使うテーマを挙げてみます。

テーマ1：食べ物や料理
テーマ2：健康
テーマ3：会社の同僚や共通の知人・有名人

これらは非常に汎用性が高く、共感を得やすいテーマです。
試しに、料理と飲み物をたとえるときのパターンを挙げてみましょう。

「どの世界でも、料理と飲み物はセットであり、ふさわしい相性がある」

→ 日本酒と日本料理、ワインとイタリアン（フレンチ）、中華料理と烏龍茶、コーラとハンバーガーなどは鉄板の組み合わせ。反対に、イタリアンと日本酒は合わない。

言いたいこと＝適材適所であり、ふさわしい組み合わせがある。

←具体的なフレーズ

「たとえてみると、食べ物と飲み物のふさわしい組み合わせのようなもので、日本酒と和食、ワインとイタリアン、のようにそれぞれ合う・合わないがありますよね」

……と、このようにして、言いたいことをうまく代弁してくれるような「たとえ」をつくります。他にも、例を出してみましょう。

豆腐…麻婆豆腐でも、湯豆腐でも、肉豆腐でも、いろんな料理に対応できる
＝応用が利く／誰にでも愛される／料理人次第で工夫ができる

筋トレ…適度な負荷をかけたあとは、「超回復」で休ませるとより強い筋肉になる
＝よく休むことも大事／メリハリの大切さ／限界を少しずつ超えていくことで成長する

イチロー…自分で決めた「マイルール」を守り、徹底している。
＝ルーティンの大切さ／繰り返しから生まれる自信／一流こそ基本を大事にする

たとえは１つの題材からいくつもできる

豆腐を題材にした場合

豆腐の特性：
いろんなジャンルの料理に
対応できる

誰からも愛される
料理人次第で工夫ができる
いい意味でクセがない
様々な可能性がある
応用が利く

このように、無限に等しいたとえを生み出すことができます。

自分だったらどんな「たとえ」を持つことができるか、苦手な方は、まず3つのテーマをピックアップしてみてください。

3つだけでも、様々な角度で味つけをすることでどんな話がきても応用できるようになります。

なお、1つのテーマに対しては、だいたい10回くらい練習するとものになってくるでしょう。

というのも、たとえば「イチローはバッターボックスに立つとき、必ず袖をふれている」という話をしたとします。

このとき、「どうして袖をさわるんですか?」「いつ頃からさわるようになったんですか?」「他にはどんなルーティンがあるんですか?」などといった予期せぬ質問に出合ったりするので、そんなときに「そうか、ここは知っておいたほうがいい情報なんだな」と、フォローすべき情報がわかるのです。

「友人や知人」をたとえにする場合の注意点

ちなみに、「私がよく使うテーマ」として3つ目に挙げた「会社の同僚や共通の知人・有名人」は、より共感の深いたとえです。

お互いによく知っている人を挙げるので、話に対する集中力が自然と高まります。

このような形で使います。

転職を考えているBさんを引き止める、同僚A

A「Bさん、せっかくここまでがんばってきたのに、今あきらめちゃうのは、惜しいと思うなぁ」

B「……そうなのかなぁ」

A「Yさん、知ってるでしょ？」

B「ああYさん、また転職したらしいよね」

A「そうそう。Yさん、頭もよくて何でもできる人なんだけど、悪い言い方をすると器用貧乏というか、こらえ性がないというか……会社に本当の実力を認めてもらえる前に辞めちゃうところがあるでしょ」

B「まぁ確かにそうかもしれないね……」

A「Bさんも、スキルがどんどん高まってきてるんだから、実力をつけて、一つ二つ結果が出てから次に移ったほうが、きっと条件もよくなると思うんだよねぇ」

などと、このような形になります。

ただし、たとえに出した人を批判するようなトーンになりやすく、「あなたのことをこんな言い方をしていたよ」と、すぐ本人のもとに届いてしまうものです。ですから、本人に聞かれてもいい程度の表現、ニュアンスに止めておくのが前提です。

なお、この会話例にもある**「惜しいなぁ」というフレーズは、人を説得するときなどによく効きます**ので、頭の片隅に入れておいてください。

話の説得力を増すには

「超・実践編」で紹介したこと

たとえを探すときの3つのポイント…身近なもの／メジャーなもの／タイムリーなもの

↓より具体的には、「料理や飲み物」「健康」「共通の知人」など

↓自分ができそうなテーマを3つ選ぶ

16

たとえ話の練習方法

誰でもたとえ話をつくりやすいのは「対比」の型

SCENE

話し上手の人は、たとえ話がうまい……という法則を発見したあなた。自分もやってみようと思うのですが、しかし、その場でパッと言葉が出てきません。何かいいトレーニング方法はないものでしょうか？

物事の本質を見抜き、他のものに置き換える

前項、たとえ話の重要性についてお伝えしましたが、ここではより実践的にたとえ話をするための「型」についてお話しします。

たとえ話と一口に言っても、いろいろとやり方があって、前項の冒頭で紹介した「質問をして相手に考えさせるパターン」や、「そうか！　つまり、○○みたいなものですね」と相手の話を要約してたとえるパターンなどがありますが、これらは実はかなり上級テクニックです。

そこで、もっとも簡単でトライしやすいのが、「対比」によるたとえです。

たとえば、「あなたと私では、月とスッポンのようなものですよ」のように、「AとBの間にはこれだけ差がある」ということを表現したいとき。相手が共感できる対比ができるとより雑談の空気がよくなります。

一つトレーニングをしてみましょう。

Q

今、目の前にしている雑談の相手は、業界で「やり手」と言われる大物。この立場の違いを利用して、逆に距離を縮めたいあなた。自分と相手との差をうまく表現し、場をなごやかな空気にするにはどんな表現をすればいいでしょうか？ 次の例文の○○と××を埋めてみましょう。

例文：「いやいや、Bさんと私では○○と××ですよ！」

さてこの問題。

考え方としては、「最上級」のものと「自分」を比べるということです。ここでは仮に、相手が「富士山」だとしましょう。

例文：「いやいや、Bさんと私では、富士山と××ですよ！」

この場合、××を何にたとえるか、少し考えてみてください。

単純に富士山と対比させると考えると、「Bさんと私では富士山と高尾山（自分が住んでいる地域の山）ですよ！」と言ってみたり、または低い山を想定して「富士山と近所の公園の砂山ですよ！」などと答えたくなるかもしれません。

ですが、必ずしも、同じ「山」でたとえる必要はないのです。

この場合、「高さ」や「強さ」が話の本質なわけですから、

例文：「いやいや、Bさんと私では、富士山とマッチ棒みたいなものですよ！」

こんなひねりのある答えのほうが、ダイナミックさもユーモアもあるので場がなごやかになると思います。

なお、この「富士山」と「マッチ棒」でいうと、どちらから先に考えるべきでしょうか？

これは、ケースバイケースだとは思いますが、オチである「マッチ棒」のほうから考えたほうがやりやすいと個人的に感じます。

「頼りない」「弱々しい」ビジュアルのものってなんだろう……という連想から「マッチ棒」を思い浮かべ、ではその対極にある「強い」「大きい」ものは何かと考えたほうがいいたとえが出やすいでしょう。

この対比の練習は、物事のどのエッセンスを、他のものに置き換えるかという非常にいい言語トレーニングになります。

たとえ話は、奥深いテクニックです。ものにできるまで、ぜひ何度も練習をしてみてください。

トレーニング問題

Q1

今日の天気は薄曇りでどんより。「快晴」の日をハワイの青空とするならば、このどんより天気を何にたとえますか？

「今日の天気は、ハワイの青空と比べてみると○○みたいなものですね」

Q2

イタリアンでごちそうしてもらったパスタが、とんでもなくおいしかった！この感動を伝えるために、「今日食べたパスタ」と「今まで自分が食べてきたもの」を何にたとえますか？

「このパスタ最高！ これに比べたら、今まで僕が食べてきたものなんて○○だ！」

Q3

言い方がきつめな部下に対して、他の社員からあなたのもとにクレームが。「相手のことを思いやる大切さ」を教えてあげたい場合、どんなたとえ話をするといいでしょうか？ 具体的な言い回しを考えてみてください。

解答例は、巻末268ページで。

16 たとえ話の練習法

「超・実践編」で紹介したこと

たとえるときの型はまずは「対比」が練習しやすい

1 最上級のものと、下級のものとを比較する型

2 この際、下級のものから決めたほうがうまく決まりやすい

3 比較のトレーニングになれてきたら、「質問して相手に考えさせる」「相手の話を〝つまり○○みたいなものですね〟と要約」といった技術にもトライ

17

対ネガティブ

不満やグチにうまく対応し、課題を引き出す

SCENE

印刷会社で営業をしているあなた。２か月前に、先輩から引き継ぎになった取引先の担当者との関係で悩んでいます。というのも、相手がとてもグチっぽい！　すぐに会社への不満を口に出す担当者に、どのように対処するのが正しいでしょうか？

どこまで共感し、どこからスルーすべきか

人間は仲が深まってくると、ついグチや不満を言いたくなってしまうものです。
中には関係が深まる前からそういう方もいますが……しかし、基本的には会話の中でグチや不満が出てくるというのは、ある程度自分を信頼してくれている証拠だと思って、嬉しく思うべきことです。

不満やグチには相手の本音、そして、相手が感じている「課題」が多分に含まれています。

うまく対処ができると、信頼関係をつくるチャンスになりますし、一方で対応を間違えると泥沼にはまってしまう可能性もある、非常に対処の難しい問題です。

たとえば、取引先の部長と話していて、軽いグチが出てきたとしましょう。


「近ごろ、部下の努力が足りていない気がするんだよねえ」


このとき、どう反応するのが正解でしょうか？

まず、鉄則のスタンスとしては相手が批判している対象を批判しない。

つまり、**「努力が足りない……それはけしからん社員ですね」**などと、**一緒になって責めてはいけない**ということです。

やり方としては大きく分けて2パターンあり、

①**「相手の不満に寄り添い、もう少し深堀りする」**
②**「不満の内容に理解を示しつつも、深入りしない」**

という2つのパターンです。

①「相手の不満に寄り添い、もう少し深堀りする」場合

B「近ごろ、部下の努力が足りていない気がするんだよねえ」

A「え、そうなんですか？　Bさんがそうおっしゃるなんて、よほど何かあるんでしょうね」

このように、相手の話をまずは聞くスタンスをつくります。

この際、相手と、相手の不満の矛先、どちらも批判しない物言いを徹底しましょう。

「○○さんがそんなことをおっしゃるなんて、よっぽどなんですね」

「あ〜、私も後輩に同じことを思ったことがありますよ(笑)。何かあったんですか？」

「なんと！　○○さんにそう言わせるということは……気になりますね」

このように、不満を口にしている相手のことをフォローするような言い方がよいでしょう。

②「不満の内容に理解を示しつつも、深入りしない」場合

B「近ごろ、部下の努力が足りていない気がするんだよねえ」

A「え、そうなんですか？ Bさんがそうおっしゃるなんて、よほど何かあるんでしょうね」

B「いや、実はね……。何かにつけて〝できない理由〟ばかり並べて、動き出しが遅い、口だけは達者。そんなのが最近多くて手を焼いているんですよ」

A「（これ以上聞くと危ないかもしれない……）なんと、そんな状況ではご苦労が絶えませんね、お察しいたします……。**そういえば、日経新聞の特集でも〝ゆとり世代〟の特集を組んでいましたよ。ゆとり世代向けの研修があるそうで……**」

このように、「これ以上深入りしてもいいことにならなそう」、「泥沼に入ってしまいそうだ」というときには、話題を別の軸にスライドさせてください。

また、理解を示すといっても、強い共感は危険です。

×「それは大変ですね……。そいえばうちの会社でも……」

×「ああ、わかります。私のまわりにも……」

このような共感は、負の連鎖を呼んでしまい、「不満合戦」が始まってしまいます。そうなると、百害あって一利なし。やはり、最終的には発展的なところ、健康的な話題に落とし込むのが一流の雑談です。

適度に相手に理解を示し、「よき理解者である」という印象をつくることができれば、それ以上は踏み込む必要はありません。

対ネガティブ

「超・実践編」で紹介したこと

グチや不満は対処方法次第で、さらなる信頼を掴むチャンス

1 相手のグチや不満に同調はしない、自分も一緒になって批判しない

2 基本スタンスは、「①まずは相手に寄り添い、話を聞いてみる」

3 ただし、「②深入りは厳禁」。話題を別の方向にずらす

18

断りたいけどどうすれば！

ワンランク上の誠意が伝わる断り方は「かわいげ」

SCENE

取引先との会食に参加したあなた。お酒がもともと苦手で、しかも、明日は朝が早いときています。できることなら飲みたくない、しかし、取引先にはお酒をすすめられてしまった……。どうすればよいでしょうか?

「かわいげ」が断るときの最大のポイント

雑談において、「断り方」は難しい問題です。

この例のように、仕事上のお酒のお付き合いでは、相手の会社の文化などもあり、気軽に断れない場面もあります。

「一杯くらい」と「エイヤ」で飲んでしまうのも一つの手ですが、相手がイヤな気持ちにならずに済むのであれば、穏便にお断りしたいところです。

かなりの高等テクニックで、なおかつ必ず使えるとは限らないのですが、私が使っている断り方をご紹介します。

どうしても飲めない日本酒を「どうぞ」とすすめられたら、私はこのように答えます。

「いやぁ～すみません……実は今、宮城の「○○」というお酒にはまっていまして、他の日本酒にどうしても手が伸びないんです。その代わり、ラベルの写真を撮らせていただけますか？　さすがに○○もそのうち飽きてくると思いますので、次回までの楽しみにさせていただきます」

このように、別の肯定的な何かを出して、そちらに話を転がしていくのです。

他にも、都合のつかない食事に急に誘われたときは、

「お食事も魅力的ですが、今日は××さんのお話にやられてしまいまして……それだけでお腹いっぱいになってしまいました。大変残念なのですが、ぜひ次の機会にお願

いします！」

このような具合です。

ポイントは、断るものを決して下げずに、それも魅力的なんだけど、もっと魅力的なものがあってもう満足しきってしまった——というニュアンスを出すことです。

このような断り方をするときには、「かわいげ」が必要になってきます。

口調や表情で、「いやぁ～（本当はそうしたいのだけれど）どうしてもすみません」という雰囲気を全力で演出します。

というのも、**断る理由など、相手にとってはどうでもいいことが多く、要するに相手の提案を断るだけの誠意を見せるということが重要**なのです。

多くの人はどうやって断ろうかと、その理由に悩んでいますが、重要なのは、「断るための理由」ではないのです。

ぜひ、「かわいげ」にもっと注目し、自身の魅力を高める方法を考えてみてください。

18

断りたいけどどうすれば！

「超・実践編」で紹介したこと

断る理由を考えるのではなく、誠意を伝える方法を考える

1 「本当はそうしたいのは山々」だという気持ちを表情で演出する
2 嘘でもいいので、「できない理由」を伝える
3 断る代わりに代替案を出す

19

相手の言っていることがとんちんかんだ！

考え直してほしいときのフレーズ「ふと思いついてしまったのですが……」

SCENE

新進気鋭のＰＲ会社で働いているあなた。現在、とある会社のプロモーションを計画しています。ウェブを使ったプロモーション方法を提案するのですが、クライアントからは「そうじゃなくて、こんな方法はどうか」と逆提案されます。でも……それは明らかによくない！　絶対反対！……こんなときはどうすれば？

別のアイデアを伝え、再考を促す方法

本題に突入したあと、スッと話が決まってしまうこともあれば、中には残念ながら難航することもあります。

特に、自分がふった話に対しての反応がよくないものだったり、相手から出てくる提案や意見が明らかによくない……ということもあるでしょう。

このような場合、最終的には受け入れざるをえないこともありますが、私はこのように言うようにしています。

「素晴らしいですね。ただ、ふと思い浮かんでしまったのですが……一方で△△のような考えもあるのではないでしょうか」

このように、「話を聞いていたらアイデアがふと思い浮かんできてしまった」というトーンで、自分の持っていた案、自分の考えなどを伝えます。

「いや、そうではなく、こうしたほうがいいと思います」「いや、そのやり方では炎上してしまいます」などと、正論をぶつけてはいけないのです。効果がないどころか好感度は下がるし、いいことは一つもありません。

ポイントは、**「せっかくご意見をいただいたのに、ふとこんなアイデアが急に浮かんでしまってすみません……」といった感じの困り顔で伝えることです。**

そうやって、相手の考えを否定せず、自然な流れで相手に再考を促してください。

故事成語を補助的に使う

相手に再考を促すための補助テクニックとして、古事成語を使う方法があります。

たとえば、

「**二度あることは三度ある**」⇅「**三度目の正直**」
「**重箱の隅をつつく**」⇅「**微に入り細を穿つ**」
「**善は急げ**」⇅「**せいては事を仕損じる**」

など、世の中にはどんなシチュエーションにも対応できる教訓（＝ことわざ）があります。このようなことわざを、場合によって使い分け、反論の「説得材料」として添えるのです。

B「例のプロジェクトに入ってもらったC君だけどね、結果も芳しくないようだし、プロジェクトからは外して通常業務に専念させたほうがいいかと思ってるんだけど。どうだろう？」

A「社長のおっしゃるとおり、まだ結果は出ていませんが、精力的によくがんばってくれています。〝石の上にも三年〟と言いますし、あと数か月は様子を見てもらえないでしょうか」

このように故事成語を入れると、相手を責めるニュアンスを隠す形で再考を促すことができます。

そのうえ、自分の意見というより第三者的・客観的意見という印象があり、より説得力が増すのです。

相手の意見と対立したときには、少々技が必要になります。

そんなときには、ふと思いついて「軽く提案」し、故事成語で「客観的意見で説得」を試してみてください。

19 相手の言っていることがとんちんかんだ！

「超・実践編」で紹介したこと

たとえ相手が間違っていても、真っ向から反論してはいけない

1 「ふと思いついてしまいました」と、提案をしてみる

2 故事成語を引き合いに説得を試みる

20

心の距離を縮める方法

「さぞかし～でしょうね」＋「○○しましょうか？」で心配りを伝える

SCENE

「気がきかないねぇ」とよく上司から言われ、気がきかないという自覚もあるあなた。思いやりがないわけではないのですが、どう表現すればいいのかわからず、いつも悩んでしまいます。どんなコミュニケーションをとれば、心配りが伝わるのでしょうか。

出会い頭の一言が印象を変える

雑談で重要なのは、人に喜んでもらうこと。そして、人に喜んでもらうために意識してほしいのは「心配り」を伝えることです。

相手に興味を持って、観察する。そして、気になる点があれば口に出して伝える。大切なのは、どんどん言葉にして伝えることです。日常生活から意識して口に出す習慣を身につけなければ、心配りを自然に伝えることはできません。

では、どんなときに心配りを発揮できるかといえば、**「出会い頭での一言」**が非常に効果的です。
さっそく、一つ練習をしてみましょう。

Q

真夏のある日、会社を訪ねてきた人が汗だく！　こんなとき、どんな一言をかけると心配りを伝えることができるでしょうか？

夏場にはるばる訪ねてきた人が汗だくになっている……こんなときには「共感」と「提案」、この2つを示すとよい心配りになります。
たとえば、このような形です。

共感「さぞかし暑かったでしょうねぇ……」
提案「部屋の温度を下げましょうか？」

このように、**「暑くて大変でしたねぇ」という気持ちをおもんぱかる共感の言葉と、部屋の温度を下げる、という具体的なアクションの提案。**この2つを同時に言葉にできて、初めてよい心配りだと言えます。

突然の雨に降られてずぶ濡れになってしまった人がいたら、

共感「ずいぶん降られてしまいましたね……さぞかしお身体が冷えたでしょう」
提案「拭くものをお持ちしましょうか?」

なおこのとき注意が必要なのは、汗だくの人に会ったとき、「暑くないですか?」、雨で濡れている人を見て「雨に濡れてしまいましたか?」などと聞くのは野暮だということです。

一目見ればわかることを確認するのではなく、「冷房を強くしましょうか?」「冷たいお茶で一息つきましょうか」といった具体的なアクションを提案するようにしてください。

やわらかい言葉は大切

ACジャパンのテレビCMで、

〝セトモノとセトモノと　ぶつかりっこすると　すぐこわれちゃう

どっちかやわらかければ　だいじょうぶ〟

という相田みつをさんの詩をテーマにしたものがあります。こんな内容です。

交差点で男性2人の肩がすれ違いざまにぶ

共感と提案がセットで「心配り」に

共感

「さぞかし暑かったでしょうねぇ……」

提案

「部屋の温度を下げましょうか?」

暑くないですか?

→汗をかいているのを見れば明らか

つかり、不満そうな顔で片方の男性が振り返ります。しかし、もう一方の男性がやわらかい表情ですぐに会釈して謝意を示したことで、不満そうな表情の男性もすぐに表情をふっとゆるめて会釈を返すのです。

「やわらかいこころをもちましょう」と名づけられたこのCM、ご覧になったことがある方も多いと思います。

このような心配りこそが、人間関係の本質です。

日本人は心配りが足りない、または、シャイなために思ったことを瞬間的に出せない……そのために、うまくいくものもうまくいっていない。そんなことが多いのです。

たとえば混雑した場所などで人にぶつかったとき、すぐにやわらかい言葉と表情で謝るようにするだけで空気が変わります。

夏まっさかりの日に、道で立ち尽くしているおばあさんがいたら、「今日は暑いけど大丈夫ですか？」と声をかける。

エレベーターに駆け込んできて、扉にぶつかってから入ってきた人がいたら、「大丈夫でしたか？」と声をかける。

それだけで、相手も救われますし、自分自身も変わっていくのです。

きっとみなさんは、困っている人を見たときに、心配りの気持ちが胸の内に生まれているると思います。それを、言葉にして相手にちゃんと伝える。ただそれだけで、人生が大きく変わることもあるのです。

人生の質を高めるうえでも、雑談の力を磨くうえでも、非常に重要なことです。

心の距離を縮める方法

「超・実践編」で紹介したこと

心配り、特に出会い頭の一言は非常に重要

1 最初の一言は、「共感」と「提案」をセットにする
2 「共感」とは、相手の状況や気持ちを察し、共有する一言
3 「提案」とは、自分が行う具体的なアクションを提示すること
↓ この2つがセットで初めて「心配り」となる

21

相手の話が飛び飛びでよくわからない！

図で整理しながら話を聞くと聞き漏れがない

SCENE

あなたの得意先は、「お話し好き」。いつもベラベラと一方的に話しています。その話がおもしろければいいのですが……どうにもとっ散らかっていて、わかりづらいことが多い。「あなたの話はわかりづらい」とは言えず……どうすればいいでしょうか。

もしも相手が、「ノープラン雑談」の使い手だったら

世の中にはたくさんの人がいますので、中には「何を言っているのかわからない人」がいます。

話があちこちに飛んだり、何の話をしているのかわからない、何を言いたいのかわからない、そんな状況に出合ったことのある方も多いことでしょう。

仕事の絡まない雑談ならよいのですが、問題は、雑談が深まってきて、本題に関連するような話に進展してきたとき。このときに、相手の話がどうしても理解できない

……さりとて、正直に「意味がわかりません」とは言えない……そのような場面、非常に困ってしまうと思います。

ここでは、そんなときの対処法について見ていきましょう。

まず前提として、相当気をつけて話を聞いているが、よく理解できない……という場合、問題は聞き手ではなく、話し手のほうにある、ということです。

つまり、「ノープラン雑談」であり、話す前にプランを描いていないために、

- 話がダラダラと続く
- 話があちこち飛ぶ
- 話の展開が見えない
- 結論が出てこない

などの問題が起きてしまいます。

たとえば、上司が新人や若手社員たちにこのような話をしたとしましょう。

〝社会人になって5年目くらいになるとおおよそキャリアの方向性が決まってきます。たとえば営業であればマーケティングを自分の営業の軸にしようとか、企画書作成を自分の強みにしようとかといったことが決まるということです。その前にはもちろん基礎固めの時期があり、ビジネスの基本となるマナー、報・連・相の仕方、ビジネス文書の基本などをしっかり身につけることです。5年かかって身につけていては時間がかかりすぎになってしまいます。スピードが何より求められるこの時代ですから、入社して1年のうちにおおよそ身につけなければならないでしょう。そして、5年くらいたって方向性が決まり、専門性を高め、10年目くらいには管理職として部下指導をしながら、ビジョンを示し、組織の中心となっていく時期です。このようにそれぞれの時期にテーマを持ち、それを意識しながら仕事をすることがキャリアプランなのです〟

この話……言わんとしていることは何とかわかるかもしれませんが、残念ながら「頭に残らない話し方」といえるでしょう。

お伝えしているように、日本人は話しベタ。一定以上のポジションにいる方でも、このように話す方は少なくありません。

何の話を、何のためにしているのか。その全体像を伝えることなく話しているので、散漫になっています。

これでは、聞き手も「いったい話のどこが重要なのか」が理解できません。場合によっては、重大な勘違いも生まれてきてしまいます。

しかしながら……聞き手は相手の話し方をコントロールできません。何とか聞きながら情報を整理し、相手の伝えたいことを汲み取らなければいけない。

こういうときは、相手の話のポイントを「図解」するのが一番の方法です。キーワードを拾いながら、相手が何を伝えようとしているのか把握します。

では、どのようにすれば話を図解化できるでしょうか？

今一度、前ページの話を見てみてください。

図をつくるには、まずは「話のポイント」を見つけることです。

この話のテーマは、「キャリアプラン」について。社会人は、何年目に何を身につけるべきか、ということが語られていますから、「時間」を軸に、そのポイントは1年、5年、10年となるでしょう。

こうして話のポイント（この場合は年次ごと）に整理してみます。

すると、下のような図ができます。

この図を埋めながら話を聞き、相手の話で不足しているところ、またわからないところは質問するようにしましょう。

質問する際は、

会話の「地図」をつくる

年次	1年	5年	10年
キャリアプラン	基礎固め	専門性を高める	管理職として部下指導
具体例	・マナー ・報連相 ・ビジネス文書	・マーケティング ・企画書作成	・ビジョンを示す ・組織の中心となる

「とても興味深いお話ですね。私の理解が間違いのないように、今のお話を確認させていただいてもよいでしょうか？」

などと断り、図を示しながら確認するとよいでしょう。

「ちょっと確認させてください」「よくわからないので質問があります」と、言葉だけのやりとりでは「失礼なやつ」と捉えられかねませんが、図があることでクッションとなるのです。

ちなみにですが、先ほどの話を整理すると、このようになります。

〝私たちがキャリアをつくるうえで、それぞれの時期にテーマを持ち、そのテーマを意識しながら仕事をすることが大切です。具体的に、1年目、5年目、10年目の年次ごとに区切ってキャリアプランについてお話しします。

まず1年目は「基礎固め」の時期。具体例としては「マナー」「報・連・相」「ビジネス文書」などの基本的なスキルを身につけます。

次に5年目ですが「専門性を高める」必要があります。具体例としては「マーケティング」「企画書作成」などになります。これを自分の強みとしていくのです。

そして、10年目には「管理職としての部下指導」をする必要があります。具体例としては、「ビジョンを示す」「組織の中心となる」などのことをします。

このようにプランを立てて実行してみると、効果的にキャリアが築けるようになります"

このように、「図で整理する技術」は、自分が話すときにも有効です。

何のテーマを、どんな軸で展開するか。これを整理して話すのと話さないのとでは、驚くほどその結果は変わってきます。

ぜひ、練習をなさってみてください。

相手の話が飛び飛びでよくわからない!

「超・実践編」で紹介したこと

相手の言いたいことを理解するには話の「ポイント」を図でまとめる

1　話を大きく分けて、ポイントはいくつか考える
2　ポイントを分けたら、その下に情報を入れて図にしてみる
3　お互いに図を見ながら話の内容を確認する

22

脱・出たとこ勝負

情報の階層を意識して、伝えたいポイントを絞る

面接、プレゼン、重要な商談……etc、ここぞという場面に限って緊張し、頭がまっしろになってしまうあなた。パニックになるのが怖くて、話すのがどんどん苦手になってしまいました。この状況から脱するためには、何が必要なのでしょうか?

伝えたいポイントを整理しておけば、パニックになっても大丈夫

雑談も、時と場合によっては緊張したり、気持ちが焦って、「何を話せばいいかわからない」「パニックになって頭がまっしろになる」といったことが起きるかもしれません。

ここでは、相手が誰だとしても、また、緊張しても伝わる話をするためのよいトレーニング方法をお伝えします。

もっとも重要なのは「話のポイントは何か」を日頃から意識して話すことです。お伝えしているように、人間は聞くのがヘタ。集中力はもって2~3分です。ですから、伝えたいことを全部話そうとすれば、時間が足りません。

そこで、何にポイントを絞るか、優先順位をつける必要があります。つまり、本当に重要で伝えたいことと、そうでもない瑣末(さまつ)な情報とを分けます。

この分ける作業を行うときに役立つのが**「情報の階層化」**です。

具体的に見てみましょう。

Q

あなたの持つ「強み」について、30秒でアピールしてください。

就職活動の面接などでやったことがあるかもしれませんが、自分の強みをアピールする一文を考えてみましょう。

ありがちなのは、こんな例です。

A「私の強みは、約束を守ることや、任された仕事をやり通すことです。あとは責任感もあるほうだと思うので、始めたことを途中で投げ出したりしません。それから、まわりの人とコミュニケーションをまめに取るようにしているので社交性もあり、笑顔がいいねと言われることもよくあります」

……と、このように話すとどうでしょう。

思いついたようにポンポンと単語が飛び込んできているので、途中で何を言っているのか

思いつきで話すと伝わらない

よくわからなくなると思います。

そこで、「情報の階層」を意識して整理してみましょう。

先ほどの表現がわかりにくいのは、**異なる「階層」の言葉をごちゃ混ぜにして話をしているからです。**

階層とは、その情報が意味する大きさのことです。

「約束を守る」「任された仕事をやり通す」「まわりの人とコミュニケーションをまめに取る」「笑顔（で人と接する）」は、それぞれ具体的なアクションを示す情報（第一階層）であるのに対して、「社交性」や「責任感」はもっと大きな概念（第二階層）です。

情報は階層ごとに整理する

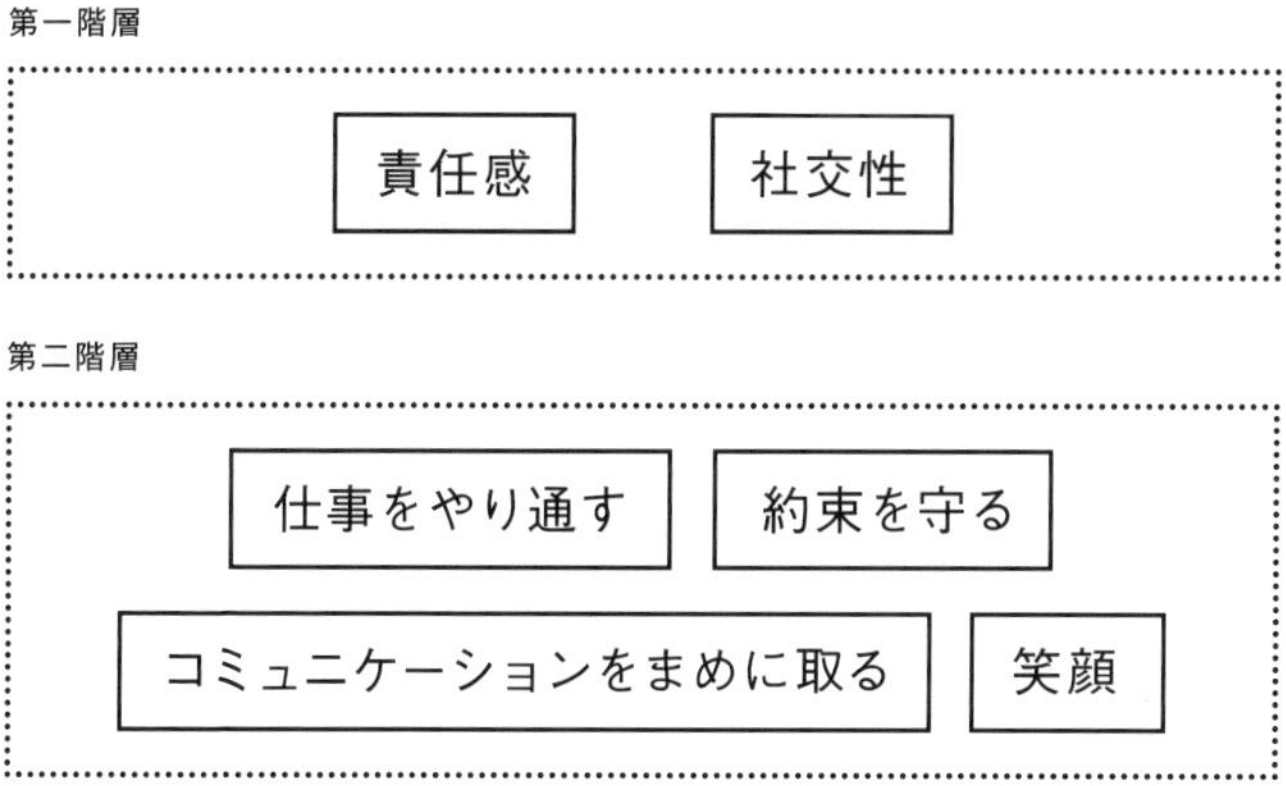

第一階層

責任感	社交性

第二階層

仕事をやり通す	約束を守る
コミュニケーションをまめに取る	笑顔

つまり、「社交性」や「責任感」は別の階層の言葉。具体的なことがらをまとめるキーワードなのです。

そこで、階層を整理したうえで話をまとめてみましょう。

すると、このような話し方になります。

A「私の強みは、大きく分けて、〝責任感〟と〝社交性〟の2つがあります。まず責任感については、今まで、どんな仕事もやり通すことを信念に、一度も投げ出すことはありませんでした。また、社交性についても、意識的にコミュニケーションを取ることを心がけ、チャームポイントは笑顔です」

……と、このように階層を整えてあげるだけで、話がわかりやすくなります。

これはどのような話題でも同じです。階層を整理するためには図を使って行うと、とてもわかりやすくなります。

この方法は、一語一句話すことを暗記するのではなく、伝えるべきことだけに絞っています。

そのため、仮に人前で話しているとき頭がまっしろになっても、この図を見る、思い出すことで、話すべきことに立ち戻ることができるのです。

少しトレーニングが必要ですので、試しに次ページに練習問題を出してみます。

ぜひ、考えてみてください。

この流れを意識して話す

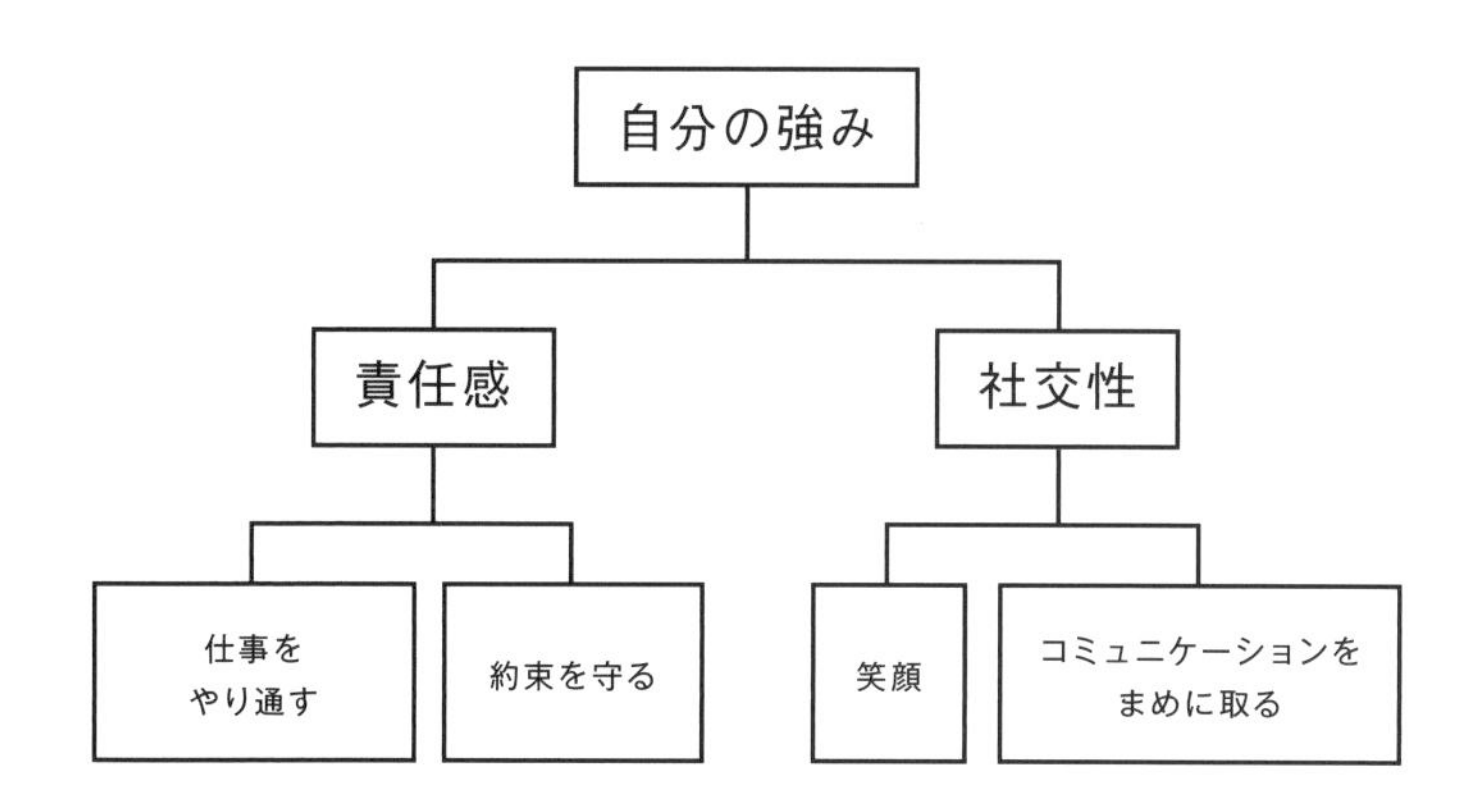

Q1 「我が社の強み」について、次の情報を階層をそろえて整理してみてください。

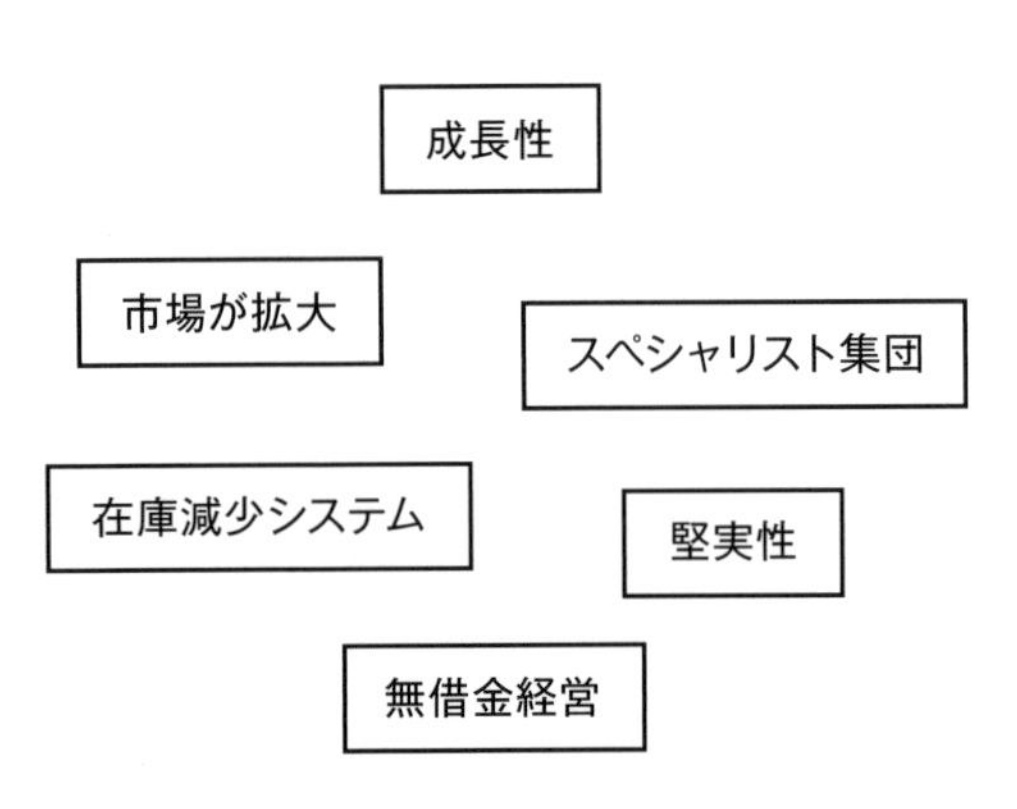

Q2 「人とうまく関わるコツ」について次の情報を階層をそろえて整理してください。

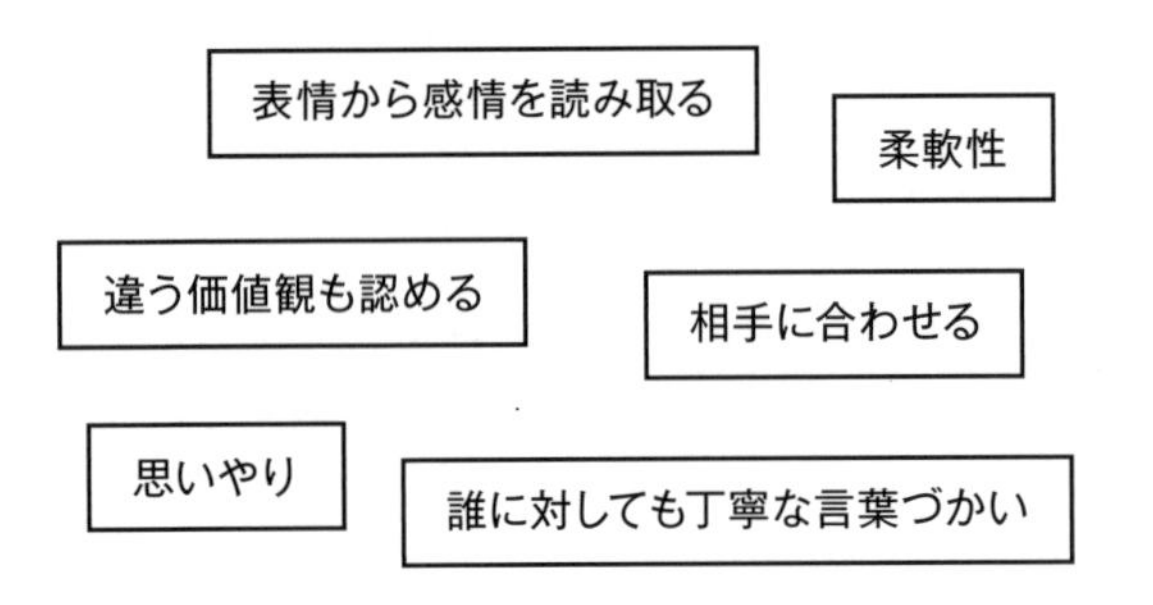

解答例は、巻末269～270ページにて。

脱・出たとこ勝負

「超・実践編」で紹介したこと

情報の階層を明確に分けることで話が整理される

1 同じ階層同士で並べる

2 階層を意識するためには図にしてみるとわかりやすい

雑談ゼミ3　雑談力の差は、文化や人種の差ではない

アメリカ人は、日本人に比べてコミュニケーションが上手だとされています。

これは実際に接してみて、本当によくわかります。

ある調査結果によると、日本人は1日あたり、家庭や職場で誰かと会話をしている時間が3時間31分だそうです。

一方、アメリカ人は6時間57分。約2倍の差があります。

欧米人は日本人に比べてコミュニケーションに「照れ」がない人が多いですが、日常生活で倍の実践経験を積んでいるのです。

こうした結果を見て思うのは、日本人とアメリカ人のコミュニケーション能力の差は、文化や人種などの問題ではなく、単なる量の差によって起こる現象ではないかということです。

もちろん、文化的な要素などがあってこそ生まれる量の差ではあるのです

が、事実、国際社会で活躍している日本人もたくさんいるわけで、「日本人だからどうにもならない」ということはないと思います。

ですから、雑談力を磨くには、とにかく実践あるのみなのです。

次の項目は、前作で「雑談力を高めるトレーニング」として紹介した日常での練習法です。ここで、あらためて紹介をしましょう。

レベル1：エレベーターで乗り合わせた人に「何階ですか？」と聞く
レベル2：お会計のときに店員さんと一言話す
↓「おいしかったです」ではなく、「お財布のひもが許せば毎日でも食べに来たいくらいですよ」など、店員さんに喜んでもらえる一言を
レベル3：混んだ居酒屋で店員さんをスマートに呼ぶ
↓大きすぎず、小さすぎず、ちょうどいいボリュームで声を通す
レベル4：知人のいない飲み会やパーティーに参加する
レベル5：社内の苦手な人・嫌いな人と雑談をする

レベル6：インプットしたことを人に話す・社内スピーチを行う

↓インプットした内容は、最低でも3回は話さないとものにならない

レベル7：「謎かけ」を練習する

↓147ページでも紹介した「たとえ話」のトレーニングにも◎

レベル8：結婚式などのフォーマルな会で挨拶やスピーチを行う

このように、日常で練習できる機会は、実はたくさんあるのです。

その機会を存分に活かすか、みすみすと逃してしまうか。これによって、コミュニケーション能力は伸びも衰えもするのです。

第
4
章

変幻自在の雑談

相手と状況によって会話を自在に操る

23

タイプを見極め、即座に好かれる

人にはそれぞれ、「好きな雑談のやり方」がある

SCENE

デパートで販売員をしているあなた。キャリアも長くなってきたので、得意なタイプの人と、苦手なタイプの人が明確にいることがわかってきました。問題は、苦手な人とどう接するか……なかなかその解決策がわかりません。どうすればいい？

「基本の型」を徹底したうえで、さらに接し方を変えるのが超一流

冒頭のケースのように、「得意なタイプ」は大丈夫だけれど、「苦手なタイプ」とはどうしてもコミュニケーションがうまく取れない……という方も多いと思います。

そこでこの最後の章では、「雑談の究極系」ともいえる相手のタイプやＴＰＯを見極め、そのうえで適したコミュニケーションを取る方法をお伝えしていきましょう。

対人で重要なのは、第一印象。前作では「人の第一印象は２秒で判断される」とお伝えしました。

この第一印象とは、「好きか嫌いか」その直感的な判断です。

出会い頭で「好ましくない」という判断をされてしまうと、その時点で大きなマイナスポイントを背負ってしまいます。

そこで、最初の印象をよくするための要素として紹介したのが「声」「表情」「服装」でした。

- **普段より も1~2トーン高い、より具体的には「ファ」~「ソ」の高さの声**
- **前歯が4本から6本見える程度の、笑顔**
- **しわやよごれのない服、カカトのすり減っていない靴、清潔感のある髪型と爪**

大きくこの3点に気をつけるだけで他人からの印象は抜群によくなります。

ただし、これらの声、表情、見た目といった要素は「どんな人間でも身につけておくべき基本の型」。

本物の雑談力を身につけるには、**この基本の型の上に、相手によって接し方を変え**

ることが重要です。

では、どう相手を知り、どうコミュニケーションを変えればよいのでしょうか？

ここで効果的なのが、「サーチミー」というコミュニケーション診断ツールです。

これは、「コミュニケーションの取り方」からその人の性格の傾向を整理した診断ツールです。この傾向を知ることで、人のコミュニケーション上の強みと弱みを客観的に知ることができます。

人間の性格は大きく分けて、次の5つのパターンに分類することができます。

①CP（critical parent＝思い通りにしたがる「ボス」タイプ）
②NP（nurturing parent＝やさしい「おっとり」タイプ）
③A（adult＝冷静な「理系」タイプ）
④FC（free child＝天真爛漫（てんしんらんまん）な「盛り上げ」タイプ）
⑤AC（adapted child＝相手に合わせる「おとなしい」タイプ）

①のＣＰの人はコストパフォーマンスや合理性を強く求める、親分肌の「ボス」タイプ。一方②のＮＰタイプの人は感情のやりとりを大事にする「おっとり」タイプ。③のＡはいわゆる「理系」タイプで、データやロジックを重視するタイプ。④のＦＣは、明るく楽しいことが大好きな「盛り上げ」タイプ。⑤のＡＣタイプは、多くを語らず、相手に合わせる「おとなしい」タイプです。

どれがいい・悪いではなく、そういう特性があるということです。

どれか一つの特徴が飛び抜けている人もいれば、いくつかの要素をあわせ持った人もいます。

次のＵＲＬは、その診断ができるサイトで、5分ほどで診断することができます（自分の診断はもちろん、他人の診断もできるようになっています）。

サイト：searchMe
https://searchme.jp/

ただ、現実のコミュニケーションではこのような細かな診断ができない場合もありますので、より簡単にタイプを見分けるのに、こんな方法もあります。
それは、**「今日のランチ（夕飯）は洋食がいいですか？ 和食がいいですか？」という質問に対して、どう答えるか。**これでだいたいのタイプがわかるのです。

CP（ボスタイプ）…「和食」「洋食」と極めてハッキリ答える
NP（おっとりタイプ）…「洋食（和食）ですかねぇ……」と控えめに答える
A（理系タイプ）…「ハンバーグが好きです」など、具体的な料理名を挙げる
FC（盛り上げタイプ）…「和食！」「洋食！」とハッキリ答えるが、その時々の気分で答えが違う（CPとの違いは、声の高さや表情の豊かさなどで判断できる）
AC（おとなしいタイプ）…「どっちも好きです」のように、ハッキリ答えない

あくまでも目安ではありますが、私の経験上、「結構当たる」診断方法です（もちろん「洋食」と「和食」だけでなく、どんなものに置き換えても構いません）。

人のコミュニケーションの傾向を知ることがなぜ必要か。それは、知ることで対応方法を変えていくことができるからです。

たとえば、ＣＰ（ボス）タイプはリーダーシップを発揮することに向いています。雑談でも会話をリードしていくのが得意です。

非常に合理的な面が強いので、「筋の通っていない話」「質問に明確に答えない」「メリットがない話」といったことを嫌がります。

このタイプは経営者や組織の中で出世していく人に非常に多く、雑談するほうとしては緊張感を強いられるのです。私自身、かなり泣かされてきました。

ただし、攻略方法がわかると、対応はそこまで難しくありません。好かれやすくなり、あっという間に距離を縮める方法があるのです。

このタイプ別攻略は前作でもお伝えしたのですが、今回はより実践的なアクションに結びつけながら、各タイプの攻略方法について見ていきたいと思います。

5つのタイプの傾向と言動の好き嫌い

	傾向	コミュニケーションの好き嫌い	
1 CP (「ボス」タイプ)	話がうまい、 リーダーシップ	好き： ハッキリした受け答え メリットを感じる話 嫌い： 会話のテンポが遅い 結論が見えない	
2 NP (「おっとり」タイプ)	聞き上手、 やさしい話し方	好き： 人間性を褒められる 丁重な言い回し 嫌い： 結論を急かされる 強引さ	
3 A (「理系」タイプ)	冷静、 論理的	好き： 論理的・合理的な会話 データや数字 嫌い： ノリや勢い 大ざっぱな説明	
4 FC (「盛り上げ」タイプ)	おしゃれ、 話し上手	好き： 明るさ ユーモア 嫌い： ノリが悪い 反応が少ない	
5 AC (「おとなしい」タイプ)	おとなしく、 意見を言わない	好き： やさしい言葉づかい 存在を認めてあげる 嫌い： 批判される 決断を迫られる	

タイプを見極め、即座に好かれる

「超・実践編」で紹介したこと

基本型の上に、相手や状況によって雑談のやり方を変えられたとき、初めて「超一流」となる

1 服装、表情、声はまず誰もが身につけるべき「基本の型」

2 そのうえで相手のタイプを把握する

↓ 大きく分けると、CP、NP、A、FC、ACの5タイプ

↓ 簡易的な診断法としては、「AとBではどちらがいいですか?」などの質問にどう答えるかで傾向がわかる

24

ボスタイプ（CP）に出会ったときの対応

YESかNOの質問には、YESかNOで答える

「君は何を言っているのか意味がわからない」「話が長い！」と会社で注意されてしまうあなた。上司は典型的な「ＣＰ（ボスタイプ）」です。このように怒られることは何とか減らしたい……何かコツはないのでしょうか。

結論から答えないとＣＰ（ボスタイプ）の人はイライラする

会話のやりとりの中で合理性を求める人は、質問にはハッキリ答えてほしいと考えているものです。

たとえば上司から

「昨日の部長の話は理解できた？」

と質問されたとき。
本来、この質問に答えるのであれば答え方は2つ

・「**はい、理解できました**」

または

・「**いいえ、理解できませんでした**」

しかありません。
ところがそうではなく、

「ええ、昨日の部長のお話ですが〝営業力アップ〟と一言でいっても、それは随分いろいろなスキルを鍛えなければならないのですね。営業では様々なタイプのお客様と

接するわけですから、様々なタイプに対応できるような、いわば〝対人対応のスキル〟が必要になってきます。このスキルがないといくら優秀な営業であっても、話を聞いてもらうまでいくことができません。私も正直自分が苦手なタイプのお客様と接することを避けようとしてしまう傾向があります。それから、当然商品の魅力を伝えなければならないわけですから、〝トークスキル〟も必要です。これらのスキルを鍛えることが欠かせないわけです、といったような内容のお話をされていました」

……このように、まずはYESかNOで答えるべきところで、すぐに結論を言わず、それどころか思いつくままに言葉を並べてしまうことがよくあるのです。

これでは、いったい部長の話が何であったのか、また、どんなことが理解できたのかがわかりません。

「聞かれた質問に答えないで、関係ないことをツラツラとしゃべってしまう」という状態なので、特に**「質問には明確に答えてほしい」と考えるCP（ボスタイプ）の人をイライラさせてしまいます。**

このような返答は、自分の中で考えがまとまっていないときに起きてしまう現象です。

「できたのか／できていないのか」「やったのか／やれていないのか」、YESかNOかを聞かれた質問に対しては、まずは「はい」か「いいえ」か答える癖をつけましょう。

しかし、ただYESかNOか答えるだけではいけません。

さらに、もう一段階レベルを上げた返答としては、「はい」か「いいえ」のあとに、「はい」なら何を理解できたのか、「いいえ」なら、何が理解できなかったのか、そのポイントを相手に伝える

まずは結論から

ことです。

たとえば、先の例で「部長の話は理解できましたか？」という質問に対しては、まずはＹＥＳかＮＯかを答えます。

「はい。〝営業力向上のために必要なスキル〟があることがわかりました。

具体的には２つで、１つ目は〝対人対応のスキル〟、２つ目は〝トークスキル〟です。

〝対人対応のスキル〟は様々なタイプのお客様に対応できるようになるスキルです。

〝トークスキル〟は商品の魅力を伝えるためのスキルです」

理解した内容を伝える

昨日の部長の話

営業力向上のために必要な２つのスキル

1 対人対応スキル

様々なお客様に対応できるようにする

2 トークスキル

商品をの魅力をより効果的に伝える

と、明確な返答ができなければなりません。

CP（ボスタイプ）の人は、このように要領を得たやりとりが好きなので、この習慣をつくるだけでも「おっ、見どころのあるやつだ」と認めてくれるのです。

論理力もつき、考え方の整理にもつながるので、様々な場面で役立ってきます。

たかが答え方、されど答え方。

人間はそうしたところに注目しているのだということを忘れてはいけません。

なお、CP（ボスタイプ）の人に対しては、会話のテンポは速めを意識。

自分が主張するときは「根拠」や「理由」も明確にして話しましょう。

24 ボスタイプ（CP）に出会ったときの対応

「超・実践編」で紹介したこと

二択で聞かれたときにはハッキリと答える

1 まずは、ＹＥＳかＮＯか結論を伝える

2 そのあとで、自分の見解や詳細な情報を補足する

25

優柔不断な人（NP・AC）への対応

ハッキリと答えてくれない人には状況や相手の考えを整理する

雑談も深まり、いよいよ本題の商談に入ろうという場面。相手の本音を突き止めようと探りを入れると「いいですよね……」「ええ、いいと思います」などと言われるものの、決定打がありません。これでは本題での落としどころを掴めません。そんなハッキリしない相手に、いったいどうしたらいいでしょうか？

本音を言わない人とどう接するべきか

商談で、商品などを紹介すると、「ああ、なるほど！　これはいいですねー」「うん、これは便利そうだ」などと好感触を得ることができるのですが、一向に「買う」という決断をしてくれない人がいます。

ダイレクトに「ご希望はございますか？」と伺っても

「うーん、前例がないですからね。なかなか難しいですね。値段も、もちろん安いに越したことはないですが、だからといって安かろう悪かろうでは困るし、納期もいくら早くしてほしいといっても雑なものが出てきても困ってしまいますからね……」

と、ノラリクラリ……延々とこんな要領を得ない話が続きます。

しかし、これは本心をごまかしたり、逃げているわけではなく、本人はいたってまじめなのです。

実はこんな優柔不断な態度の根底には、**自分でも本心がわかっていない、という場合が多々あります。**つまり、状況や自分の考えの整理ができておらず、優先順位がついていないのです。

これではいくらこちらが質問をしても的を射た答えは返ってきません。むしろ、**意見を求められたり、選択を迫られるとこんなタイプは困ってしまうのです。**

これは、NP（おっとりタイプ）・AC（おとなしいタイプ）に顕著な傾向です（この2タイプは非常に似ており、両者の違いとしては、NPは時間をかけてではありますが、自分の意見を言う一方、ＡＣは意見や結論を出すのが苦手です）。

そんなときには、こちらが状況や相手の考えを整理して、それを示していかなければなりません。

そして、**決して相手の決断を急かさないことがポイントです。**

ややゆっくりめのテンポで、相手に合わせてやりとりを進めます。

少しでも「早く決めてください！」というこちらの本音を出そうものなら、「い、いや、ちょっと待ってください」と心を閉じてしまいかねません。

常にこちらが相手の本心に向かって伴走して

決断をしてくれない人たち

いくイメージです。

「もしかして、こういう感じではいかがでしょうか？」
「たとえば、これではいかがでしょうか？」

と具体例を挙げながら一歩一歩進んでください。そうしたやりとりを積み上げていくことで、相手のあいまいだった本心が徐々に特定され最終的に「いいですね！」と言ってくれるのです。

本音ではない「いいですね！」に要注意

ただし、注意点が一つ。そのような好反応も、「本心かどうか」を冷静に見極めないとなりません。

というのも、その場の空気に飲まれて、またはは空気を読んでいい反応をしていることがあるからです。

つまり、好反応でも、本心ではない場合があるのです。

見極めるポイントとしては、うなずきや笑いの量、ボリューム、表情など、**非言語的な表現が多いか少ないかで判断しましょう。**

相手がいい感情を出しながら「いいですね！」と言ってくれているときは、本心。

感情が隠れている状態では、まだまだ納得がいっていない可能性が高いでしょう。

非言語的な表現に注目

優柔不断な人(NP・AC)への対応

「超・実践編」で紹介したこと

答えを急かさず、一つひとつ状況を整理して確認していく

1 「もしかして、こういう感じでは?」「たとえば、これは?」と、やさしく具体的に提案する

2 話すテンポはゆっくりめ

3 本心からの言動かどうか表情や声色を見極める

26

話の腰を折ってくる人（A）と出会ったら

緻密（ちみつ）な「理系」タイプには、根気強く付き合うのが一番の近道

SCENE

雑談をしていると、質問のポイントが「えっ、そこですか!?」と、本筋とはズレた点を聞いてくる人がいます。こちらからするとまるで重箱のスミをつついてくるような内容です。何とかして本筋に話を戻したいのですが、細かい点が気になって仕方ないようです。こんなときどうすればいい?

A（理系タイプ）の人には「アバウトさ」が通用しない

世の中には、緻密（ちみつ）に物事を進めたいと考えている人がいます。

このタイプの人は、会話の中で大筋の流れではなく、枝葉の部分が気になってしょうがない、という場合が多いのです。

たとえば、

「今、〝日本人のコミュニケーションの調査結果〟のお話が出ましたが、これはいつ・どこが行った調査なのでしょうか？」
「〝調査で高スコアの人々〟とおっしゃいましたが、具体的に何点以上が〝高スコア〟といえるのでしょうか？」

などといった具合で、「だいたいこんな感じ」というアバウトさが通用しないのです。

これは、意地悪をしようと思って出てくるのではありません。**本心から「気になって仕方がない」という状態で、この疑問が解決されない限り、他に何を聞いても頭に入ってこないのです。**

ですから、このような質問が出てくる人と出会った場合の解決策としては、一つずつ丁寧にフォローし、疑問に答えるようにします。そして、できるだけ詳細な情報についても説明する他ありません。

一つひとつ納得させていかないと、前へ進めないのです。

このタイプの人は、223ページの診断でいうとAが強い「理系」タイプです。

特徴としては、

- **言葉や表情の感情表現が乏しい**
- **淡々としていてリアクションが少ない**
- **冷静な話し方で、細かい質問が多い**

といったものがあります。

前述のとおり、気になるポイントがあると、そのあとの話が入ってこないタイプですので、話の途中・途中で折にふれて

「何か気になるポイントはありませんか？」

気になる部分があると先の内容が入ってこない

と、確認しながら話していくと進めやすくなります。

気になる細かいポイントを説明
↓
話の本筋に戻る

を繰り返して雑談を進めていきましょう。

プラン通り話が進まず、もしかしたらイラッとすることもあるかもしれませんが、そうしたら負けです。

決して焦らず、パズルのピースを埋めていくように会話を進めましょう。

それが、もっともよい結果をもたらしてくれます。

ポイントポイントで説明しながらメインの話に戻る

話の腰を折ってくる人（A）と出会ったら

「超・実践編」で紹介したこと

パズルのピースを埋めていくように会話を進める

1 一気に話を進めず、「気になるところはございませんか？」と確認するポイントをつくる

2 主張の根拠や裏づけを明確に示す

27

相手がおしゃべり好き（ＦＣ）の場合の雑談

話が脱線したときはあえて泳がせてみるのも手

SCENE

打ち合わせのとき、盛り上がるのはいいのですが、盛り上がりすぎて会話が本筋とまったく違うほうにいってしまうことがあります。本当に話したいことになかなかたどり着けず……何かいい対処法はないでしょうか。

FC（盛り上げタイプ）の人とは純粋に会話を楽しめばいい

雑談をしていると、相手が乗ってくる瞬間があります。

・自分が話しているとき、割って入るように相手が話し始めた
・目に力が入り、楽しそう
・声が大きくなる
・前のめりになる

・言葉の数が急に増える

といった変化です。

これらの傾向が見られたら、相手は話に食いついていると見て間違いないでしょう。

そうなったら、基本的にはそのまま乗っかって、好きなように話してもらうのが正しい対処法です。

ただし、問題点が一つ。

それは、相手が自分のしたい話に夢中になるので、気づくとどんどん脱線していってしまうことです。

これは、特にFC（盛り上げタイプ）の方に見られる特徴です。楽しさのあまり、話があちこち飛んでいってしまいます。

そうなってしまった場合は、リアクションやあいづち、合いの手を入れて、楽しんで付き合いながら、**しかし、どこかで本筋に戻れるようにキーワードを用意しておい**

てください。

会話がどこでずれていったか、本当は何の話をしたかったのか忘れないよう、分岐点をメモするか、頭に入れておきます。

それさえ意識できていれば、あとは自分も会話を楽しみましょう。

基本的に、雑談が盛り上がるのはとても喜ばしいことなのです。

A「その知人に連れられて、先週の日曜に初めて競馬場に行きまして……」

B「東京ですか？ 中山ですか？」

A「（お、目つきが変わったな……）中山でした」

B「中山ですか、日曜だと、カペラステークスでも見に行かれました？」

A「ええっ!? そうですそうです！ え、お詳しいんですね？」

B「実はここだけの話、競馬が趣味で大学時代に競馬サークルを立ち上げたくらいでして（笑）」

A「ええっ、そうなんですか！ 意外です（笑）。きっかけはあったんですか？」

B「僕が競馬を見たのは18のときが初めてだったんだけど、馬ってねぇ、実際に見るととっても毛並みがきれいなんですよ。足もスラッと長くてね……」

と、思ってもみなかった方向に広がっても、それはそれでいいのです。気持ちよく話し続けてもらうために、質問の方向性を変えないように注意してください。

たとえば、この例でいえば、「中山競馬場って駅から遠くて驚きました」とか、「私もパチンコをしたのは18のときでした」とか、流れを断ち切るようなことは言わずに、相手のしたそうな話に合わせた質問や感想を伝えます。

もしも戻るタイミングを完全に失ったとしても、話を続けているうちにまた別の角度から話題を戻すこともできます。

人間は、自分の興味のあることに同調してもらえると嬉しいものです。共感を示すことで、互いの距離はグッと縮まり、有利なものになるでしょう。

相手がおしゃべり好き（FC）の場合の雑談

「超・実践編」で紹介したこと

興味があることを話すのは楽しいので、そこに同調するだけで距離を縮めることができる

↓戻れるタイミングがあれば戻れるよう、分岐点を覚えておく（メモしておくとよい）

28

一対多数の雑談のルール

複数人数相手の雑談では キーマンとタイプの見極めが重要

SCENE

とある食品メーカーで働いているあなた。ある日、アクシデントが起きた先輩の代打で大手チェーンの本部に提案に行くと、そこには3名の担当者が。一対一の商談が多かったので、この事態は想定外。さぁ、どうする？

複数の雑談で気をつけたい3つのポイント

本書では、「一対一」の雑談を多く取り上げていますが、仕事での打ち合わせや商談などでは、複数人数を相手に話すことも多くあります。

その際、どんな話題を選べばいいのか、全員に平等に話しかけるべきなのか……。

ここでは、複数人で行う雑談の具体的なポイントを紹介しましょう。

1　全員に通じる話題を選ぶ

複数での雑談の基本は、「全員に通じる話題」を提供するのが鉄則です。雑談は相手に気持ちよくなってもらうためにするもの。相手が何人いても、その本質に変わりはありません。

例によって天気などのあたりさわりのない話題から始めて、全員の共通項だと確実にわかっている話題を展開します。相手の会社の近況や、その業界についてなどの話題などでしょうか。

よくあるのは、担当者とはすでに面識があるが、そこに初めて会う方が加わっているる——といったケースですが、このような場合も趣味の話など、初めて会う人がわからない話題には踏み込むべきではありません。

ただし、例外もあります。

今の例でいうと、「いつもの担当者」が部長で、「初めて会う方」が平社員といった、立場に大きな開きがあるときです。この場合は、部長相手に趣味の話をしても問題ありません。

2 話題はキーマンに、目線は平等に

もう一つのポイントは話す「時間の配分」です。

たとえば、Aさんと B さんと自分、3人で話しているケースを考えてみましょう。Aさんが部長、B さんはその部下です。

このように、役職に明確な差がある場合、鍵をにぎるキーマンはA部長です。

このときは、A部長を中心に話題をふり、ほぼAさんに話すようにして構いません。ただし、目線はBさんにも向けて話すようにしてください。

割合としては、7:3。A部長のほうを中心に話しながら、Bさんも会話の輪から外れないように、時折目線を合わせます。

相手側の人数が3人、4人、というときも同様で、キーマンを中心に4:2:2と

か5：3：2とか割合を決めて話してみるようにしましょう。
これが、複数人数相手の雑談の基本ルールです。

3　話したい人、そうでない人を見極める

しかしながら、現実というのはもっと複雑です。

たとえば、2人の「部長」という肩書きを持つ人と打ち合わせることになった場合。立場は対等、どちらも重要人物です。

このような場合、話す配分はどのように決めるのが正解でしょうか？　少し考えてみてください。

この質問をすると、多くの方は、「5：5」。半分ずつの割合で話すのが正解だろうと答えます。

しかし、これは正しくありません。

この問題の正解は、「相手のタイプをふまえたうえで配分を決める」ことです。

A部長は口数が多く、主張が強いタイプ。一方のB部長は、口数の少ないタイプ。こういったときは、8：2の割合で、主にA部長に話してもらうようにします。

この配分くらいが、A部長、B部長、ともに快適なバランスなのです。

というのも、自分からよく話すタイプにとっては、「自分の話を十分できる」ことが快適なのであり、5：5では、どうしても「話し足りない」印象がしてしまいます。

一方、口数の少ない人の場合、そんなに話さなくても問題ない。むしろ、話しすぎ

「話ができた」という満足感は人によって違う

ると居心地が悪くなる、という人もいるのです。

話を多めにふるべき人と、そうでない人の見分け方は次の通りです。

〈話を多めにふったほうがいいタイプ〉

威圧的な話し方・腕を組んで話を聞いている・・・CP（ボス）タイプ

ニコニコしていてノリがいい・・・FC（盛り上げ）タイプ

〈そこまで話をふらなくても気にしないタイプ〉

レスポンスは遅いが、表情は柔和・・・NP（おっとり）タイプ

理性的に見える・反応が薄い・会話に乗ってこない・・・A（理系）タイプ

レスポンスが遅く、答えがなかなか出てこない。また、目を合わせない・・・

AC（おとなしい）タイプ

このような傾向の違いをふまえて会話の配分が変えられるようになれば、ほぼ敵なしと言えるでしょう。

ただし、キーマンというのは、微妙な力関係で変わる場合があります。役職者が秘書や若い社員の意見を参考にしている（＝実は、秘書や若手社員のほうがキーマン）ということも多々あるのです。

これは相手の会社の社風、役職者の性格やバックグラウンド、視線や表情、声色などを観察してみてください。

だんだん、「これは、キーマンが若手のパターンだな」などとわかってきます。

一対多数の雑談のルール

「超・実践編」で紹介したこと

複数人の雑談のポイントは、

1 キーマンは誰か見極める（肩書きや席次が目安）
2 共通の話題をふりつつも、ある程度キーマンに合わせてよい
3 ただし、視線だけは他の人にも向ける（割合は7：3）
4 相手の肩書きが同じ場合は、タイプによって話す配分を決める

おわりに

ここまでお読みいただき、ありがとうございました。

私はこれまで、様々なテーマの本をつくってきましたが、この雑談力は、格別な思いのあるテーマです。

前のめりにがむしゃらに働いていたとき、挫折に見舞われたとき、思わぬピンチが訪れたとき、ここぞというチャンスが訪れたとき、どんな場面でも、雑談は人生を切り開く武器として、救ってきてくれました。

もちろん、雑談だけで人生のすべてがうまくいくわけではないでしょう。

しかし確かなことは、雑談があることで物事がスムーズに運ぶ、仕事がやりやすくなる、問題が解決される、人間関係の幅や質が変わる、といったことが数限りなくあるということです。

雑談とは、すべての人間関係、すべての仕事の始まりです。人間同士のつながりがある限り、雑談のない人生というのはありえません。

今回、幸いにも続編ということでこの本を出すことができました。前作を出したことによって得ることができた新たな知見、また、読んでくださった方の声を聞きながら、どうすればより良くなるか、どうすればみなさんの悩みを解決できるかと、前作以上に時間をかけ、知恵を絞ってまいりました。

前作をお読みになってくださった方も、また、今回初めて雑談というテーマにふれた方も、「知らなかった」「おもしろい」「やってみよう」と、何か得るものが一つでもあったのであれば、著者としてただただ嬉しく思います。

この難しいテーマをつくるにあたり、再三の練り直し、ブラッシュアップに付き合ってくださったパンネーションズ上原千友さんをはじめとする社内のスタッフ、また文響社のスタッフのみなさんには心から感謝を申し上げます。

何より、雑談というテーマに関心を持ってくださり、読んでくださった読者のみなさまに、御礼と、今後のますますのご活躍を願っております。

2016年10月　安田正

雑談のネタになる各都道府県名物

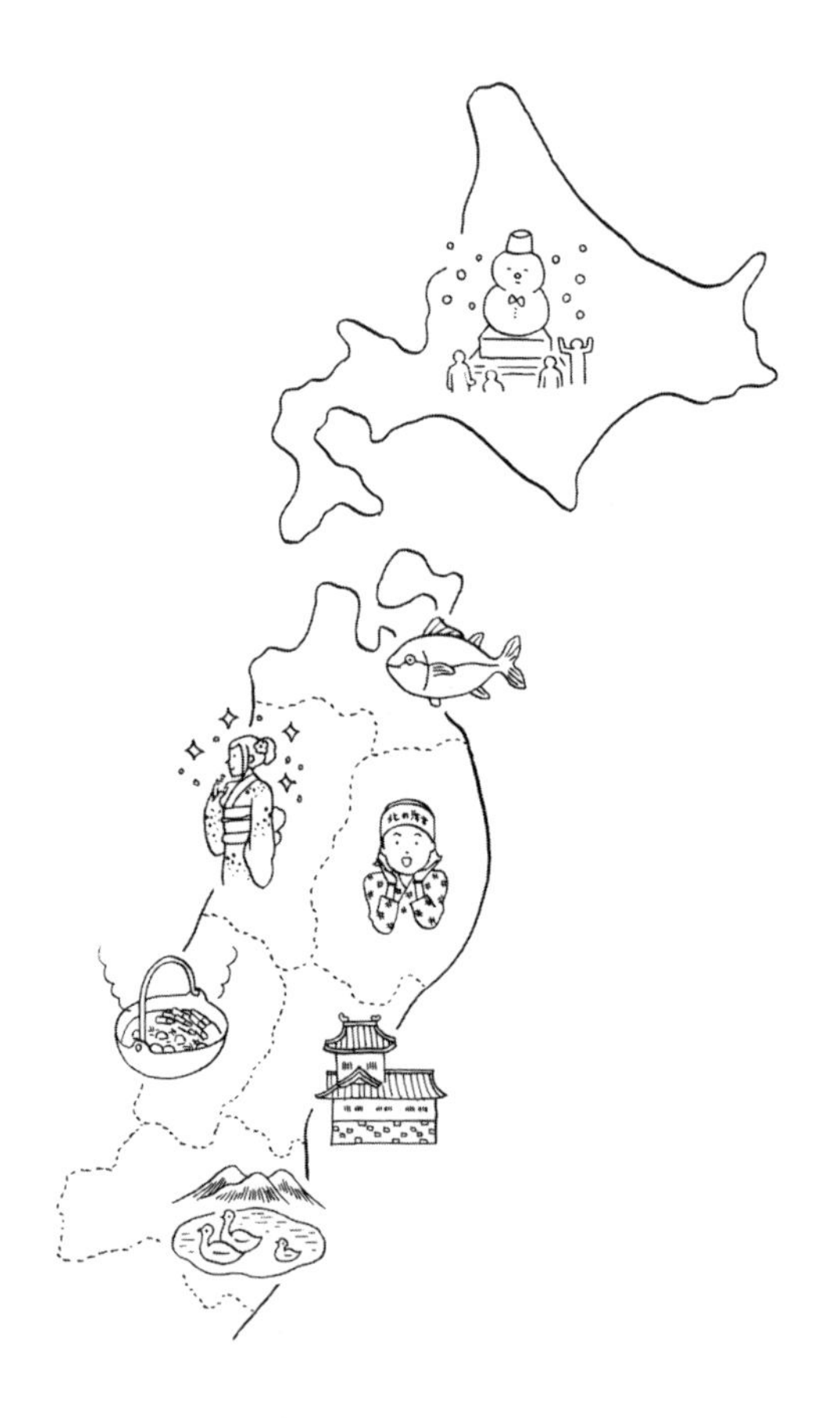

北海道　さっぽろ雪まつり　旭山動物園　夕張メロン　ジンギスカン　毛ガニ
青森　大間のマグロ　恐山　津軽海峡　ねぶた・ねぷた　弘前城
岩手　『あまちゃん』　かもめの玉子　じゃじゃ麺　平泉　リアス式海岸
秋田　秋田美人　稲庭うどん　大曲の花火　きりたんぽ　なまはげ
宮城　青葉城（仙台城）　秋保温泉　牛たん　白松がモナカ　伊達政宗
山形　芋煮　銀山温泉　蔵王　さくらんぼ　山形花笠まつり
福島　猪苗代湖　大内宿　スパリゾートハワイアンズ　鶴ヶ城（会津若松城）　なみえ焼そば

新潟　魚沼産コシヒカリ　トキ　佐渡金山　日本酒　佐渡おけさ
富山　黒部ダム　越中富山の薬売り　ます寿司　ホタルイカ
石川　兼六園　能登半島　輪島塗　加賀友禅　金沢城
福井　越前ガニ　東尋坊　若狭湾　越前そば　福井県立恐竜博物館
山梨　甲州ぶどう　ほうとう　武田信玄　富士山　富士急ハイランド
長野　日本アルプス　軽井沢　りんご　野沢菜漬け　松本城
岐阜　飛騨高山　白川郷　長良川鵜飼　飛騨牛　下呂温泉
東京　東京タワー　山手線　六本木ヒルズ　東京ドーム　皇居
神奈川　中華街　横浜ベイブリッジ　山下公園　鎌倉　湘南
栃木　とちおとめ　日光　宇都宮餃子　那須塩原　鬼怒川
茨城　水戸納豆　筑波大学　鹿島アントラーズ　国営ひたち海浜公園　水戸藩ラーメン
群馬　草津温泉　赤城山　下仁田ねぎ　尾瀬　こんにゃく
千葉　東京ディズニーリゾート　成田国際空港　九十九里浜　マザー牧場　幕張メッセ
埼玉　さいたまスーパーアリーナ　草加せんべい　東武動物公園　彩の国　小江戸川越

静岡	富士山　スズキ・YAMAHA　富士宮やきそば　御殿場アウトレット　こっこ
愛知	トヨタ自動車　味噌を使った料理　手羽先　喫茶マウンテン　名古屋城
三重	伊勢神宮　松坂牛　鈴鹿サーキット　赤福餅　伊勢海老
滋賀	琵琶湖　彦根城　延暦寺　近江牛　サラダパン
京都	祇園（ぎおん）　嵐山　宇治茶　湯豆腐　梅小路公園
大阪	たこ焼き・お好み焼き　新世界　吉本興業　道頓堀　海遊館
兵庫	赤石焼　淡路島　六甲山　神戸ルミナリエ　姫路城
奈良	東大寺　奈良公園の鹿　吉野山　薬師寺　法隆寺
和歌山	みかん　和歌山らーめん　熊野古道　高野山　那智滝（なちのたき）
鳥取	鳥取砂丘　二十世紀梨　堺港　因幡（いなば）の白兎（しろうさぎ）　らっきょう
島根	出雲大社　松江城　出雲そば　小泉八雲　隠岐島（おきのしま）
岡山	白桃　きびだんご　瀬戸大橋　後楽園　倉敷美観区
広島	広島東洋カープ　お好み焼き　広島平和記念公園　牡蠣　厳島神社

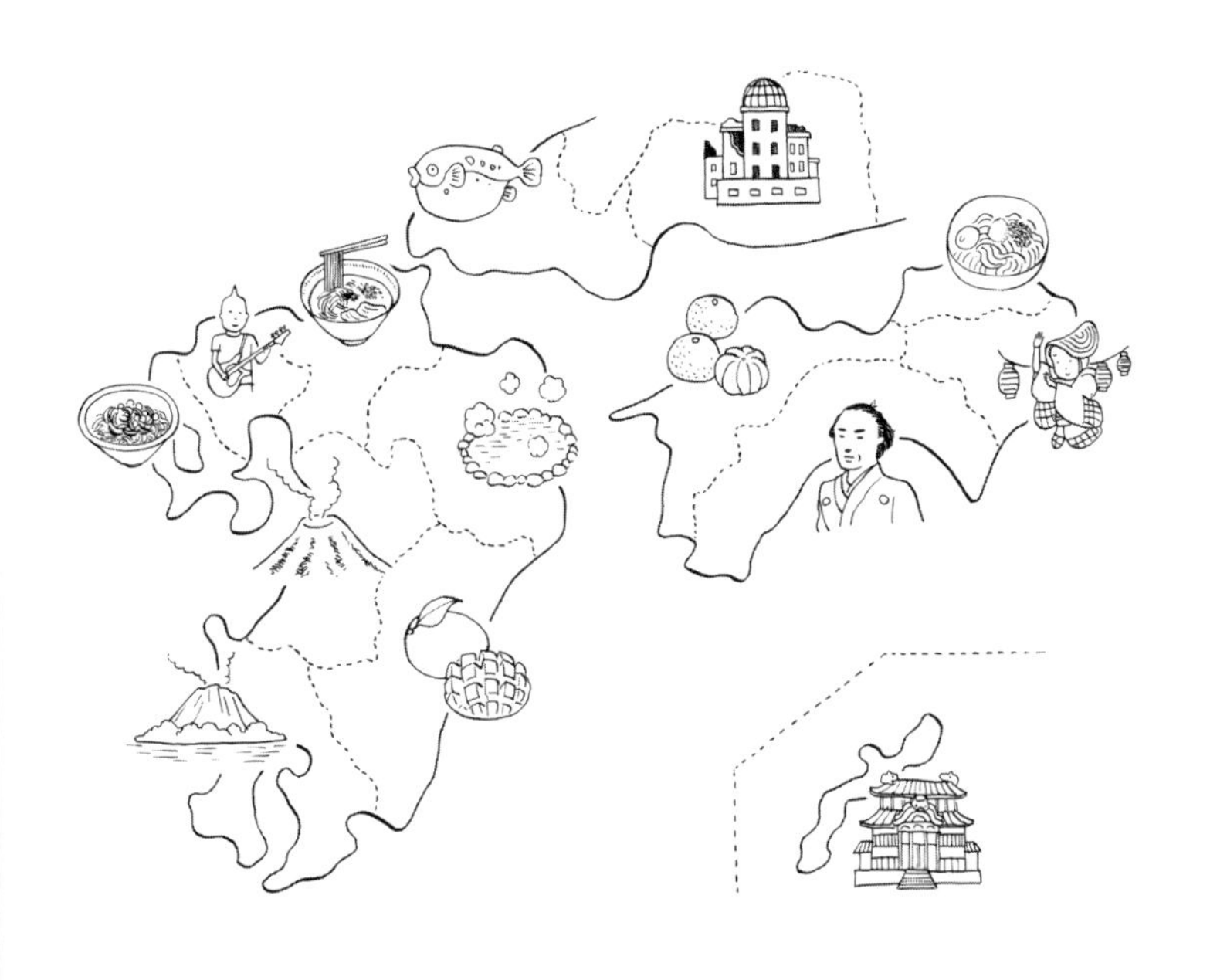

山口　ふく　秋吉台　関門海峡　長州藩　山賊焼
徳島　阿波おどり　鳴門(なると)海峡　大歩危(おおぼけ)・小歩危(こぼけ)　吉野川　すだち
香川　讃岐うどん　金比羅さん　瀬戸大橋　小豆島　お遍路
愛媛　ポンジュース　道後温泉　伊予柑　松山城　宇和島
高知　坂本龍馬　かつお　四万十川　よさこい祭り　皿鉢(さわち)料理
福岡　博多ラーメン　明太子　福岡ヤフードーム　太宰府天満宮　博多どんたく
熊本　阿蘇山　熊本城　馬刺し　天草　辛子レンコン
大分　湯布院温泉　別府温泉　関サバ・関アジ　大分むぎ焼酎二階堂　いいちこ
佐賀　有明海　有田焼　吉野ヶ里遺跡　武雄温泉　はなわ・がばいばあちゃん
宮崎　マンゴー　みやざき地頭鶏(じとっこ)　シーガイア　日向夏　高千穂峡
長崎　ちゃんぽん　ハウステンボス　カステラ　グラバー園　浦上天主堂・大浦天主堂
鹿児島　桜島　さつまいも・いも焼酎　桜島大根　西郷隆盛　さつま揚げ
沖縄　首里城　泡盛　ちんすこう　シーサー　沖縄美(ちゅ)ら海水族館

たとえ話のトレーニング問題　解答例

Q１

「今日の天気は、ハワイの青空と比べてみると○○みたいなものですね」

↓「(豆腐をつくる) にがりみたいな色ですね」

Q２

「このパスタ最高！ これに比べたら、今まで僕が食べてきたものなんて○○だ！」

↓「レトルト食品みたいなものですよ！」

Q３

「ちょっと、言い方がきつくないかなぁ？ もう少し○○みたいな言い方をしたほうがいいんじゃないかな？」

※○○には、共通の知人や、有名人などの名前

「階層をそろえる」トレーニング問題　解答例

Q１

「我が社の強み」について、次の情報を階層をそろえて整理してみてください。

「我が社の強みは、〝成長性〟と〝堅実性〟の２点です。

まず、１点目の成長性については、様々な分野のスペシャリストが集まっているという人材面と、また、市場が拡大し続けているという経済背景が挙げられます。

２点目の堅実性については、我が社にはムダな在庫を削減するシステムを独自に開発していること、そして、金融機関から借り入れを受けていない無借金経営ということがあります」

解答例

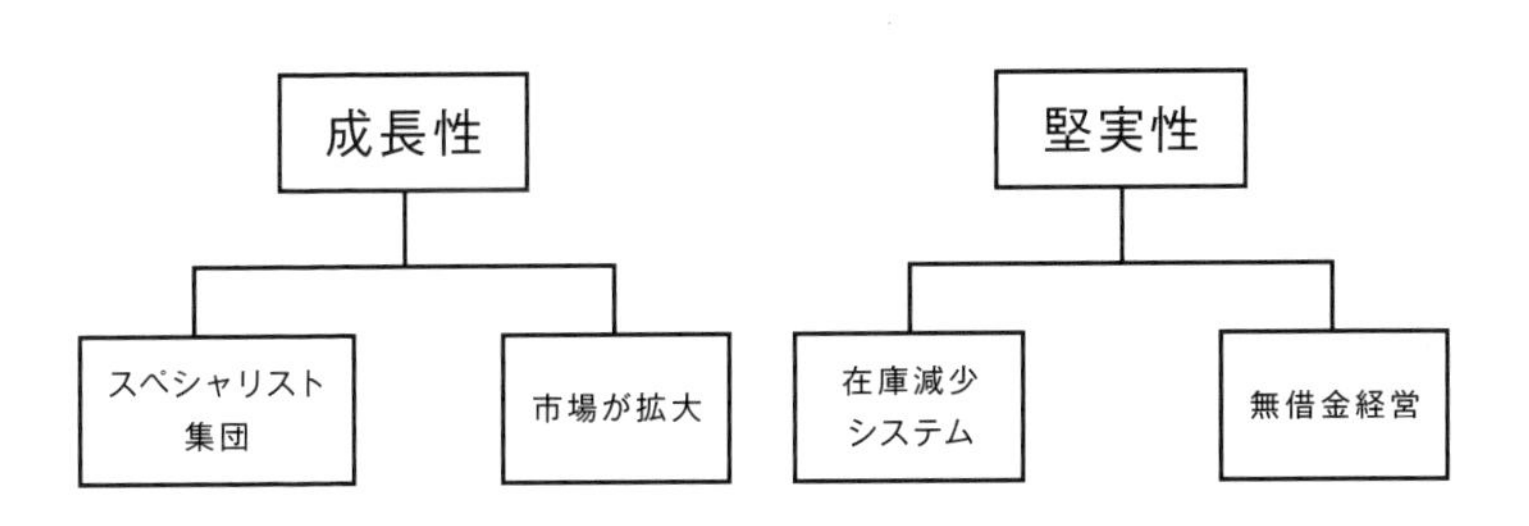

Q2

「人とうまく関わるコツ」について次の情報を階層をそろえて整理してください。

「人とうまく関わるには、2つの要素が重要です。

一つは、〝思いやり〟。もう一つは、〝柔軟性〟です。

まず思いやりとは具体的に、表情から感情を読み取ること、そして、相手が誰であれ丁寧な言葉づかいを徹底する、ということです。

2つ目の柔軟性とは、違う価値観を認める姿勢を忘れないということ。そして、自分の話ではなく、相手に話を合わせるという姿勢です」

解答例

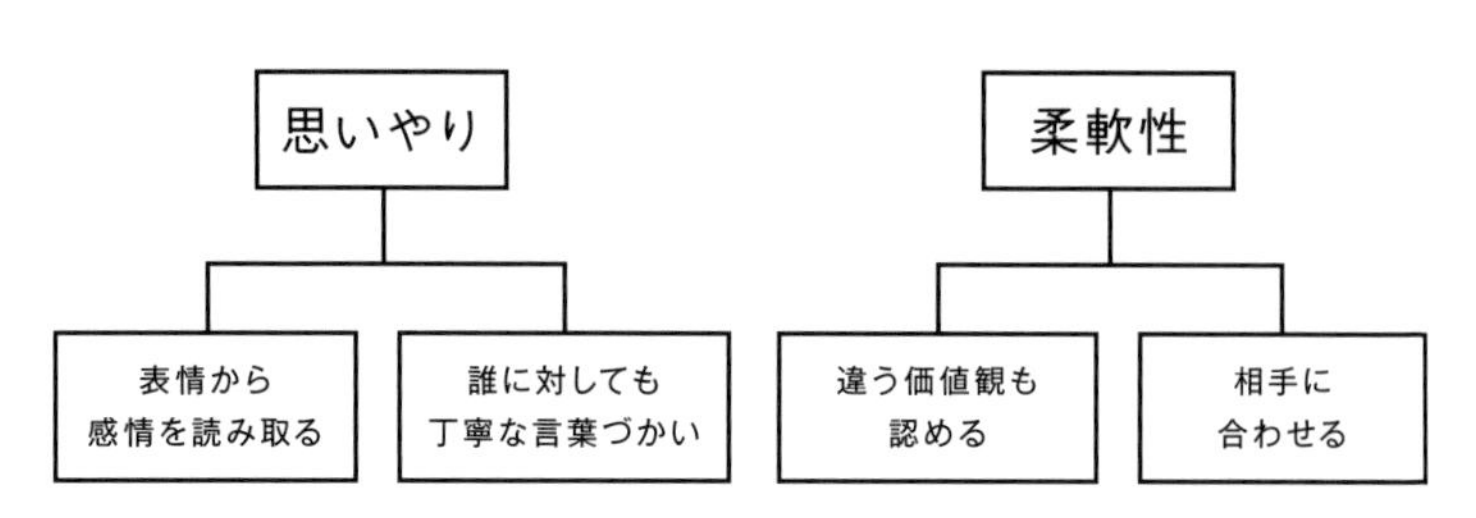

『超一流の雑談力』
シリーズの最新情報はこちら

下記のホームページでは、雑談というリアルなライブによるやりとりをいっそう深めるための解説動画を無料で公開しています。また、本書の最新情報やイベント情報などもご覧になれます。
ご利用は無料ですので、お時間がある方はぜひのぞいていただければと思います。

詳しくはこちら

安田正.com　検索

http://yasudatadashi.com/

安田 正（やすだ・ただし）

株式会社パンネーションズ・コンサルティング・グループ代表取締役。早稲田大学理工学術院非常勤講師。1990年より法人向け英語研修を始め、現在は英語の他、ロジカル・コミュニケーション、プレゼンテーション、対人対応コーチング、交渉などのビジネスコミュニケーションの領域で講師、コンサルタントとして活躍している。大手企業を中心に1700社に研修を行い、一般社員の他に役職者1000人以上の指導実績を持つ。また、東京大学、早稲田大学、京都大学、一橋大学などでも教鞭をとる。本書のテーマ「雑談」は、ビジネスや人間関係の最初の入口であり、信頼関係を築く重要な武器になるが、その効果は広く認知されていない。その状況を憂い、実用性、再現性のあるスキルとして確立させたのが「超一流の雑談力」である。その他の著書に『英語は「インド式」で学べ!』（ダイヤモンド社）『一流役員が実践している仕事の哲学』（クロスメディア・パブリッシング）『一流役員が実践してきた入社1年目からできる人になる43の考え方』（ワニブックス）『1億稼ぐ話し方』（フォレスト出版）『ロジカル・コミュニケーション®』『ロジカル・ライティング』『会話の上手さで人生は決まる』（以上日本実業出版社）など多数。

超一流の雑談力

「超・実践編」

2016年10月25日 第1刷発行
2019年 9月 4日 第7刷発行

著　者　安田正

装　丁　大場君人
イラスト　白井匠
編　集　下松幸樹
発行者　山本周嗣
発行所　株式会社文響社
〒105-0001 東京都港区虎ノ門2-2-5 共同通信会館 9F
ホームページ http://bunkyosha.com/
お問い合わせ info@bunkyosha.com
印　刷　株式会社廣済堂
製　本　加藤製本株式会社

本書の全部または一部を無断で複写（コピー）することは、著作権法上の例外を除いて禁じられています。
購入者以外の第三者による本書のいかなる電子複製も一切認められておりません。定価はカバーに表示してあります。
©2016 by Tadashi Yasuda ISBNコード：978-4-905073-55-0 Printed in Japan
この本に関するご意見・ご感想をお寄せいただく場合は、郵送またはメール（info@bunkyosha.com）にてお送りください。